Achim Samwald

Dörren

Früchte, Gemüse, Kräuter, Pilze und mehr

6., aktualisierte Auflage

Ulmer

Das steckt im Buch

Schnellübersichten

Ein „sonniges“ Hobby

Unser Buch „Dörren“ ist der beste Beweis dafür, dass sich der Wunsch nach richtiger und gesunder Ernährung unaufhaltsam in das Bewusstsein der Bürger drängt. Wir sind nun bereits in der sechsten, aktualisierten Auflage angelangt und das Interesse für die Methode des Dörrens bestätigt auch – vielleicht als Antwort auf den Regelwahn aus Brüssel – das Verlangen zu mehr Eigeninitiative in der Lebensmittelversorgung und Unabhängigkeit von industriegefertigten Nahrungsmitteln. Längst ist bekannt, dass das Immunsystem unseres Körpers auf manche Nahrungsmittel wie auf Krankheitskeime reagiert. Das bedeutet, dass unverdaute Nahrungsmittelstoffe, die die natürliche Barriere der Darmschleimhaut passiert haben, buchstäblich als Eindringlinge und nicht als Nährstoffe erkannt und bekämpft werden: Die Maschinerie der Immunabwehr läuft im Körper an. Dieses Verhalten führt letztendlich in die Krankheit, wenn das Immunsystem nachlässt.

Die Invasion der Hochbeete in den letzten Jahren lässt sich in vielen Gärten und Schrebergärten verfolgen: Man will auf gesundes, selbst gezogenes Gemüse und Obst nicht mehr verzichten und das Dörren der geernteten Früchte hat daran einen wichtigen Anteil.

Im Gegensatz zu Verfahren wie Pökeln, Räuchern, Einkochen, Einlegen oder Vergären brauchen wir beim Dörren keinerlei sonstige Zutaten, nur ausreichende und gleichmäßige Wärmezufuhr. Und sogar diese bekommen wir im Sommer, wenn wir draußen dörren können, von der Sonne kostenlos geliefert. Und trotzdem – ganz ohne Technik geht es auch beim Dörren heute meist nicht mehr: Es hat sich nämlich mittlerweile beim Angebotsspektrum der Dörrgeräte sehr viel getan und ein modernes Dörrgerät ist eine saisonunabhängige Bereicherung für jeden Vollwerthaushalt. Die technischen Verbesserungen kommen wiederum dem Dörrvorgang zugute, der auf diese Weise rascher abläuft.

Wer richtig dörrt, wird mit dem reichhaltigen Geschmacksangebot der Natur belohnt und versorgt zugleich seinen Körper mit allen wichtigen Nahrungsstoffen in ihrer natürlichsten Form – nämlich naturbelassen. Es ist erstaunlich, welch hervorragende Fruchtmischungen sich mit ein wenig Einfallsreichtum und Freude am Experimentieren erzielen lassen. Besuchen Sie mich gern im Internet unter www.doerren.com.

Bedanken möchte ich mich bei den Firmen im Bezugsquellenverzeichnis für ihre bereitwillige Unterstützung rund ums Thema Dörren; Dank gebührt auch meiner Familie für die Geduld und das Verständnis, wenn meine intensive Beschäftigung rund ums Dörren wieder einmal Vorrang gegenüber unserem Familienleben hatte.

Achim Samwald, München

Eine traditionsreiche Konservierungsmethode

Fast jede Obst- und Gemüseart ist durch Trocknen auf schonende Weise haltbar zu machen. Frische pflanzliche Lebensmittel besitzen einen relativ hohen Wassergehalt von etwa 80 bis 90 Prozent, der zusammen mit dem Gehalt an natürlichen Nährstoffen eine günstige Wachstumsgrundlage für Mikroorganismen wie Schimmelpilze und Bakterien darstellt. Diese vermehren sich unter solchen Bedingungen bei normaler Temperatur und leiten Fäulnis- und Gärungsprozesse ein, die die Frucht ungenießbar machen.

Dörren – Konservierung durch Wasserentzug

Ziel jeder Konservierung ist es, diese Vorgänge auszuschalten, indem man den schädlichen Organismen die Lebensgrundlage Wärme und Feuchtigkeit entzieht.

Wirkungsvoll, wenn auch für vergleichsweise kurze Zeit, verlängert man die Haltbarkeit schon durch einfaches Absenken der Temperatur in einem Kühlschrank. Dauerhafter ist jedoch der weitgehende Wasserentzug, die Dehydrierung. Dabei ist zu beachten, dass viele Schimmelpilze erst bei einem Wassergehalt von weniger als 15 Prozent ihre zersetzende Tätigkeit einstellen, während sich die meisten Bakterienarten schon bei 35 Prozent Wassergehalt nicht mehr vermehren.

Beim Dörren geschieht Folgendes: In der an den Früchten vorbeiströmenden, erwärmten Luft verdunstet die Feuchtigkeitsschicht an der Oberfläche der Früchte und wird aus dem Inneren wieder ausgeglichen um erneut zu verdampfen. Diese Vorgänge laufen dabei umso rascher ab, je höher die Umgebungstemperatur ist. Natürlich spielen dabei auch die Durchlässigkeit des pflanzlichen Gewebes und die Oberflächengröße eine wichtige Rolle; je durchlässiger das Gewebe und je größer die Verdunstungsoberfläche, desto rascher erfolgt die Trocknung.

Die Erwärmung beim Dörrvorgang bewirkt also nicht wie bei der Sterilisation eine Keimabtötung, sondern ist nur für den Grad des Wasserentzuges bestimmend.

Wichtigste Bedingungen für das Dörren sind also strömende Luft und Wärme. Damit die vorbeiströmende Luft die abgegebene Feuchtigkeit aufnehmen kann, muss sie möglichst trocken sein. Die Luft muss strömen können, d. h. feuchte Luft muss abziehen und trockene nachfolgen können.

Bei den verschiedenen Methoden der Trocknung wird man immer versu-

Viele Obstarten intensivieren durch das Dörren ihren Geschmack, werden süßer, schmecken gehaltvoller und bieten damit viele neue Möglichkeiten für Gerichte.

Halbierte Cocktailtomaten, abgewürzt.

chen, den Dörrvorgang rasch und gleichmäßig durchzuführen. Die höchstmögliche Temperatur ist aber keineswegs die beste, denn große Hitze zerstört wertvolle Inhaltsstoffe und beschleunigt chemische Prozesse im organischen Gewebe, die wertmindernd wirken (Oxidation, Bräunungsvorgänge o. Ä.), lässt die Fruchtoberfläche hart und vielfach brüchig werden, verändert den Geschmack der Früchte ungünstig, bewirkt teilweise die Überführung von Mikroorganismen in stabile Dauerformen, die sich später bei idealen Temperaturverhältnissen wieder in aktive Bakterien zurückverwandeln und erzeugt zudem hohe Energiekosten.

Auch eine niedrige Temperatur ist zu vermeiden, da die Fäulniserreger dabei genügend Zeit erhalten, sich zu vermehren und das Trockengut anzugreifen, bevor der Wasserentzug wirksam wird.

Aus diesen Gründen sind gewisse optimale Temperaturen vorzusehen, die je nach Fruchtart zwischen 30 und 70 °C liegen, wobei es jedem überlassen bleibt, ob er auf wirtschaftliches, schnelles Dörren oder einen möglichst hohen Gehalt an Nährstoffen bei schonendem Trocknen Wert legt.

Besondere Vorzüge des Dörrens

Trotz Konservenflut und wachsender Nutzung der Gefriertruhe haben industriell hergestellte Trockenfrüchte nicht nur ihren Absatz auf dem Markt behaupten können, sondern ihr Anteil steigt weiter an. Dafür gibt es mehrere Gründe: Zum einen hat sich in der Bevölkerung während der letzten Jahre ein steigendes Bewusstsein für die Natur, für gesunde Ernährungsmethoden und eigenes Wohlbefinden herausgebildet; zum anderen wächst wieder die Freude am Selbermachen, an alten, bewährten Techniken und Rezepten und an traditionsreicher Küche, in der Trockenobst eine wichtige Rolle spielt. Selbst gemachte Trockennahrung ist zweifellos eine andere Form der ursprünglichen Frischnahrung ohne jeglichen Zusatz von chemischen Haltbarmachern. Allerdings verändert dieses Verfahren in vielen Fällen den Geschmack und Geruch der pflanzlichen Lebensmittel. Etliche Obstarten intensivieren durch das Dörren ihren Geschmack und enthalten danach konzentrierte Nährstoffe, werden süßer, schmecken gehaltvoller und bieten damit viele neue Möglichkeiten für Gerichte.

Stellt man das Dörren anderen üblichen, häuslichen Konservierungsmethoden wie Einkochen oder Tiefkühlen gegenüber, so ergeben sich einige Vorteile:

1. Der Wasserentzug macht die Nahrung leicht und verringert ihr Volumen.
2. Die Lagerung ist einfach und beansprucht nur wenig Platz.
3. Die Kosten für das Dörren sind gering, nutzt man vorhandene Energiequellen wie Sonne, Luft oder eine im Haus vorhandene Wärmequelle.
4. Vitamine, Mineralstoffe und Faserstruktur bleiben weitgehend erhalten und der Nährwert ist auf Grund der Konzentration besonders hoch; nur Vitamin C wird abgebaut und ist anderweitig auszugleichen.
5. Zu Hause getrocknetes Obst und Gemüse ist frei von Konservierungsstoffen.
6. Geringes Gewicht und Volumen, hohe Nährstoffkonzentration und großer Ballaststoffanteil machen Trockenfrüchte zur idealen Nahrung auf Reisen und auf Wanderungen.
7. Veränderungen von Geschmack und Konsistenz bei einigen Früchten gegenüber der Frischware ergeben neue Verwendungsmöglichkeiten. Damit ist Trocknen mehr als nur ein Ersatz für andere Konservierungsmethoden.

Beim Einkochen werden durch das Erhitzen auf hohe Temperatur Vitamine weitgehend zerstört, ebenso Ballaststoffe und Rohfasern, und der notwendig hohe Zuckergehalt des Einkochgutes ist ebenfalls nachteilig. Bei Dosen ist zudem der manchmal monatelange Kontakt der Früchte mit dem umgebenden Blech in gesundheitlicher Hinsicht fragwürdig.

Trockentechniken

Zum Dörren von Obst, Gemüse, Kräutern oder Pilzen bieten sich je nach Bedingungen und Trockengut verschiedene zweckmäßige Methoden an, die hier vorgestellt werden.

Die Entscheidung für die eine oder andere hängt von der Menge und der Art des Trockengutes ab, das man produzieren möchte, von den räumlichen Möglichkeiten und vorhandenen Heizquellen, die man nutzen möchte. Ein

Anfänger, der sich noch nicht sicher ist, ob er wirklich künftig einen Teil seiner Gartenernte trocknen will und ob ihm die Produkte schmecken werden, wird erst auf einfachste Weise experimentieren. Ein begeisterter Bastler baut sich dann selbst seinen Trockenschrank und versieht ihn möglicherweise nach und nach mit allerlei Verbesserungen. Wer sich den Selbstbau nicht zutraut, findet „sein" Gerät unter den im Handel angebotenen Elektrogeräten.

Dörren an der Luft

Die einfachste Methode, Früchte zu dörren, ist das Trocknen an der Luft. Zu niedrige Temperaturen und unerwünschte Lichteinwirkung führen oft nur zu mäßig befriedigenden Ergebnissen, vor allem bei Früchten, die sich leicht verfärben oder sehr wasserreich sind. Durchaus geeignet ist diese Methode für dünn geschnittene Pilze, Kräuter, mit stark verdünnter Zitronensäure behandelte, aufgefädelte Apfelscheiben u. Ä.

Das vorbereitete Obst oder Gemüse legt man auf ein Trockensieb (z. B. ein rostfreies Fliegengitter mit Holzrahmen), auf Packpapier oder auf ein Drahtgeflecht, oder aber man reiht es auf eine dünne Schnur. Letzteres kommt vornehmlich für Pilze, Bohnen und Apfelspalten in Frage. Kräuter lassen sich einfach zu kleinen Sträußchen binden, die man dann mit den Blütenständen nach unten aufhängt. Das Trockengut soll dabei möglichst nicht der prallen Sonnenbestrahlung ausgesetzt sein, die einen Verlust an Nährstoffen und Vitaminen bewirkt. Außerdem

Zum Trocknen aufgefädelte Apfelringe.

Verschiedene Trockenmöglichkeiten zum Dörren an der Luft: Hängende, miteinander verbundene Dörrsiebe, aufgefädelte Pilze und Bohnen.

kommt es je nach Obstart zu einer Verfärbung der Fruchtstückchen. Eine gute Luftzirkulation, Staubfreiheit und niedrige Luftfeuchtigkeit sind die Vorbedingungen für erfolgreiches Trocknen an der Luft. Der geeignetste Ort hierfür ist ein Schuppen, ein luftiger Dachboden oder ein regengeschützter, überdachter Balkon.

Mit Lufttemperaturen von mehr als 30 bis 35 °C kann man in unseren Breiten bei der Trocknung kaum rechnen, weshalb man besonderes Augenmerk auf ordnungsgemäßes, schimmelfreies Dörren legen muss. Dazu gehört tägliche Kontrolle und mehrmaliges Umschichten des Dörrgutes.

In der Pfalz blickt die Obsthorte, auch Hörtel genannt, auf eine lange handwerkliche Tradition zurück. Diese aus unbehandeltem Fichtenholz hergestellte Vorrichtung dient dem Darren bzw. Dörren von Obst. Das Flechtwerk sorgt nämlich für eine gute Durchlüftung und Trocknung des Obstes und eignet sich daneben auch hervorragend für die Aufbewahrung von Frischobst und auch als Präsentkorb. Für die eigene Herstellung werden Rundholzstücke aus Fichtenholz wiederholt halbiert, bis dünne, 1,5 bis 2 cm breite Spalten entstehen – vergleichbar der früher weit verbreiteten Fertigung von Dachschindeln.

Die angefeuchteten Spalten werden in den Rahmen eingeflochten, der aus zwei parallel zueinander liegenden Flachhölzern (ca. 1 cm stark) besteht,

Der Hörtel ist praktisch und dekorativ zugleich.

die über etwa fünf Querstreben miteinander verbunden sind. Die beiden äußeren Streben sind an ihren Enden abgeflacht und werden über schräg angebrachte Schlitze (ca. 15 mm lang, 3 mm breit) in den Rahmen gesteckt. Die drei mittleren Streben sind an den Enden abgerundet und werden in Löcher mit etwa 3 mm Durchmesser eingelassen, die zuvor in den Rahmen gebohrt wurden.

Anleitung zum Bau eines Trockensiebes

Für ein einfaches Trockensieb im Selbstbau benötigt man vom Schreiner oder Heimwerkermarkt acht Holzleisten, von denen vier Stück 45 cm lang und vier 41 cm lang sind. Des Weiteren besorgt man sich Fliegengitter aus Nylon, Nägel sowie wasserunempfindlichen Holzleim. Auf eine lange Leiste legt man nun den Rand des Fliegengitterzuschnittes, bestreicht die Leiste mit etwas Leim, zentriert nun die kürzere Leiste darüber und fixiert sie mit zwei Nägeln. Nun dreht man das Gitter um 90 Grad und fügt eine kürzere Leiste an, auf die oben über dem Fliegengitter mit Leim und Nägeln eine lange aufgebracht wird. Man verwendet also rundherum wechselweise kurze und lange Leisten. Zuletzt schneidet man überstehende Ränder des Nylongitters ab.

Wer viel an der Luft trocknet, kann an den vier Rahmenenden Schraub-

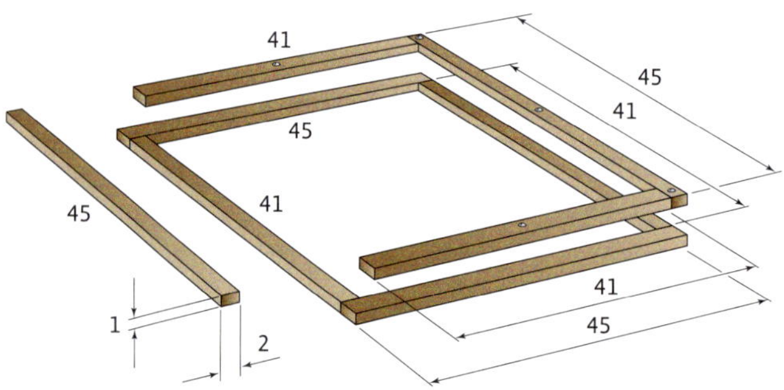

Material

4 Leisten	L	45 cm
	B	2 cm
	H	1 cm
4 Leisten	L	41 cm
	B	2 cm
	H	1 cm

Fliegengitter aus Nylon 50×50 cm

Nägel L 15 mm

Klebstoff

Ein Trockensieb kann jeder ganz einfach selbst herstellen.

ösen anbringen und mehrere Gitter im Abstand von etwa 12 cm übereinander mit einer durchgezogenen Schnur zusammenhängen (siehe Seite 11). Der Nachteil dabei ist vielleicht, dass man das Trockengut nicht so leicht umschichten kann wie bei Trockensieben, die einzeln herausnehmbar sind. Dafür spart man sich den Kasten mit den Einschubleisten, der sonst notwendig wird, um die Siebe aufzunehmen.

Dörren im Backofen

Im Backofen eines Elektroherdes lassen sich Früchte schön trocknen. Als Trockenroste verwendet man die Einschieberoste, von denen der Heißluftherd serienmäßig mehrere enthält und legt darauf Backtrennpapier oder spannt ein Gazetuch darüber, oder man fertigt, passend in die Einschiebeleisten des Herdes, Roste aus Drahtgitter, wie es für Kaninchenställe verwendet wird, indem man lediglich die Seitenkanten mehrfach umbiegt und dadurch versteift. Auch darauf sollte man Backtrennpapier legen, damit das Trockengut nicht mit dem Metall in Berührung kommt.

Man kann aber auch die Frucht- oder Gemüsestückchen auf rostfreie Metallstäbe oder auf das nötige Maß verlängerte Stricknadeln auffädeln und in die Leisten des Backofens schieben. Die Backofentür muss beim Trocknen immer einen Spalt geöffnet bleiben, damit die feuchte Luft abziehen kann.

Der Trockenschrank

Hat das Trocknen an der frischen Luft die bereits genannten Nachteile, so ist der Backofen vor allem deshalb nicht ideal, weil während des mehrere Stunden bis zu zwei Tagen andauernden Trocknungsvorganges der Ofen nicht anderweitig benutzbar und der Energieverbrauch erheblich ist.

Wenn man vorhat, mehr oder weniger das ganze Jahr über Nahrungsmittel zu trocknen, empfiehlt sich deshalb die Anfertigung eines stabilen Tro-

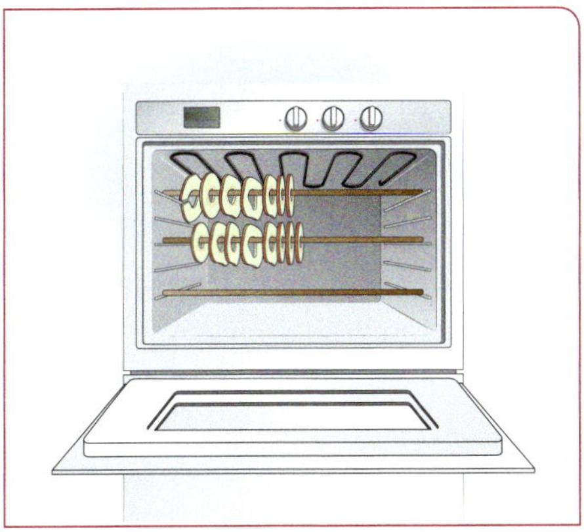

Trocknen im Backofen mit Stricknadeln oder Metallstäben.

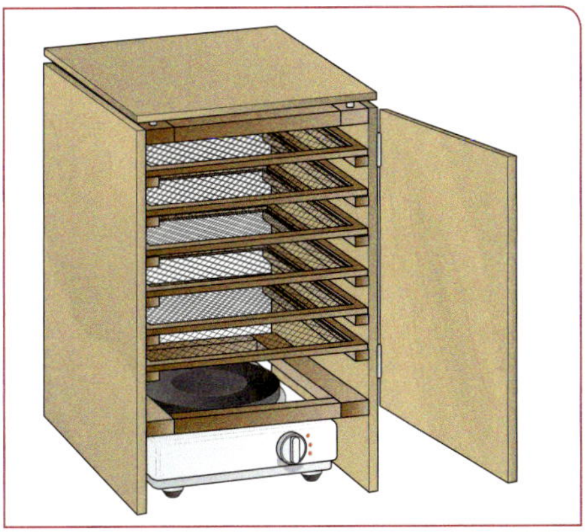

Kleiner Trockenschrank, der über einer Kochplatte als Energiequelle stehen kann.

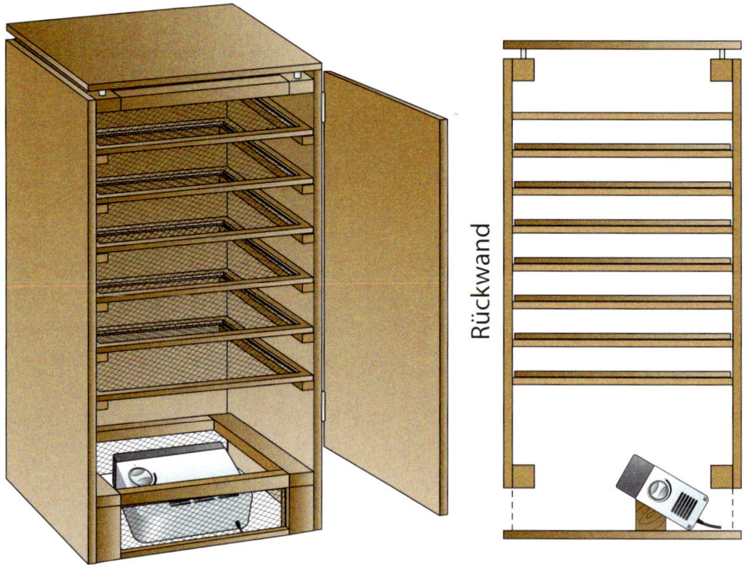

Ein Trockenschrank mit eingebautem elektrischem Heizlüfter ist auch im Eigenbau herzustellen. Hier ein Schrank nach der Bauanleitung im Hobbythek-Buch 6.

ckenschrankes für den Dauergebrauch. Dies kann man je nach handwerklichem Geschick selbst in Angriff nehmen oder man kann einen Schreiner damit beauftragen. Es gibt auch die Möglichkeit, auf vorhandenes Material, etwa alte Bilderrahmen gleicher Größe, Bienenstockeinsätze usw. zurückzugreifen und den Kasten darum herum entsprechend zu dimensionieren. Im Prinzip handelt es sich dabei um einen einfachen Holzschrank, der die Möglichkeit bietet, Früchte staubfrei und mit optimalem Luftaustausch zu trocknen. Unten ist der Schrank immer offen, um das Aufsteigen der warmen Luft aus Heizschlangen, Heizlüfter usw. zu ermöglichen; vorne kann eine Tür zum Einschieben der Siebe geöffnet und oben ein Deckel aufgelegt werden, wenn der Schrank einmal ein paar Wochen unbenutzt herumsteht. Kleidet man die Wände mit Alu-Folie aus, wird die Wärme gut zurückgestrahlt.

Der Trockenschrank besitzt an den Seitenwänden innen Leisten, in denen die Siebe geführt werden. Um richtigen Luftaustausch zu garantieren, haben sich im Wesentlichen zwei Methoden bewährt. Die eine besteht darin, dass man die Siebe so locker belegt, dass die Luft zwischen den Früchten ungehindert aufsteigen kann und gleichmäßige Trocknung die Folge ist. Die andere sieht vor, dass Einlegebretter, Bleche oder dicht belegte Siebe zueinander versetzt angeordnet sind, damit die Luft an ihnen vorbei streichen und zum nächstfolgenden Sieb aufsteigen kann. Bei dieser Anordnung muss der Kasten tiefer sein als die Siebe, damit sie versetzt angeordnet werden können. Wichtig ist auf alle Fälle, dass die Luft beim Trocknen oben entweichen kann. Man lässt daher den Deckel oben etwas offen oder befestigt ihn auf vier Klötzen etwa 5 cm erhöht, sodass die Luft aus den seitlichen Schlitzen ungehindert austreten kann.

Die Art der Ausführung und die Maße des Trockenschrankes richten sich nach den Wärmequellen.

Will man vorhandene Wärmequellen nutzen, finden kleinere Einheiten vielleicht auf einem freistehenden Kühlschrank Platz. Die Ölfeuerung im Keller, Warmwasserboiler, Öfen oder Heizkörper können Möglichkeiten bieten. Mit einiger Findigkeit gibt es in fast jeder Wohnung einen Platz, der die Ansprüche an Belüftung, Wärme und Staubfreiheit erfüllt. Die angeführten Beispiele mögen eine Anregung sein, sich im eigenen Haushalt umzusehen und eine Möglichkeit zu finden, um Obst und Gemüse zu trocknen.

Der Einsatz einer eigenen, regelbaren Wärmequelle erleichtert die Arbeit und verbessert das Ergebnis.

Ein kleinerer Schrank kann auf dem Elektroherd über einer Heizplatte aufgestellt werden. Besser geeignet ist eine Einzelkochplatte, weil damit der Herd zum Kochen frei bleibt. Weniger behelfsmäßig wird der Schrank durch den Einbau eines Heizlüfters, der möglichst mit einem Thermostat ausgestattet sein sollte und Platz unter dem ersten Trockenrost findet. Diese kleinen Geräte gibt es in Heizstufenbereichen von 500 bis 2000 Watt. Durch das Ge-

Dörrapparat mit Stufenschalter für 10 kg Frischware.

Trockenschrank, der mit Sonnenenergie funktioniert und im Freien montiert wird. Die schräge Glaswand sammelt Wärme, die durch einen Schlitz in den Trockenschrank aufsteigt.

Dörrschrank aus Fichte als Fertigbausatz.

Auch mittels eines Solartrockners ist die Trocknung möglich.

bläse ist der Wirkungsgrad wesentlich besser.

Nicht allzu schwierig und vor allem preiswert ist es, einen Trockenschrank zu bauen, bei dem die Sonnenenergie als Heizquelle benutzt wird.

Ein Trockenschrank mit Boden und vorne aufklappbarem Deckel oder einer Lüftungsklappe an der Vorderwand für die Abluft wird auf etwa 50 cm hohe Pfosten gestellt. Die Rückwand der Kiste hat an der Unterseite eine 20 cm hohe Öffnung, an die der „Sonnenkollektor“ angefügt wird. Dazu wird eine dünne Spanplatte in der Breite der Trockenkiste und einer Länge von etwa 1 m mit dunkler Folie bespannt. Darüber werden unten und seitlich 20 cm starke Holzlatten genagelt und diese mit einer Glasscheibe abgedeckt. Strahlt die Sonne auf die Glasscheibe, erwärmt sich die Luft im Innern und steigt durch die Öffnung in die Kiste.

Dass dies nur bei gutem Wetter funktioniert und wenn der Sonnenkollektor nach der Sonne ausgerichtet ist, schränkt die Gebrauchsfähigkeit natürlich ein.

Trocknen mit elektrischen Dörrgeräten

Wer Trockenobst selbst herstellen möchte und nicht über Möglichkeiten zur Lufttrocknung oder über genügend Platz zum Aufstellen eines Trockenschrankes verfügt, und wer sich nicht an den Eigenbau wagt, verwendet ein elektrisches Dörrgerät. Der Handel bietet heute eine große Auswahl an Dörrapparaten verschiedener Hersteller an, mit denen in mehreren Lagen getrocknet werden kann. Außerdem ist dabei eine gleichmäßige Trocknung über einen Ventilator gewährleistet.

Die Geräte aus hitzebeständigem Kunststoff bestehen im Wesentlichen aus einem stabilen Untersatz, der den Heizteil, den Thermostat und oft auch eine Schaltuhr enthält und darüber liegenden geschmacksneutralen Trocken- oder Dörrsieben, die mehrfach ineinander gesteckt werden können.

Handelsübliches, elektrisches Dörrgerät mit Heizschlange und Luftpropeller. Es können dabei bis zu 10 Siebe übereinander gestapelt werden.

Der Heizteil ist eine Heizspirale oder Wärmeschlange mit einem elektrischen Gebläse, das die Wärme durch die Siebe schickt. Die manuelle Temperaturregulierung ermöglicht die Dosierung der aktiven Warmluftzirkulation auf das entsprechende Trockengut und verhindert so Überhitzung und damit sprödes Trockengut. Das Dörrgerät des Schweizer Herstellers Stöckli gibt es als Modell mit und ohne Timer im Handel. Und wer gar noch ein SIGG Dörrex Dörrgerät betreibt, den wird die gute Nachricht freuen, dass man die Siebe von Kaltenbach beim Dörrex verwenden kann und umgekehrt, denn diese Siebe sind baugleich.

Beim Dörrautomat von Severin fällt gleich auf, dass die Siebe, sie heißen in der Beschreibung dort Auflageroste, in zwei Stufen höhenverstellbar sind; das ist ganz praktisch, wenn man z. B. Ba-

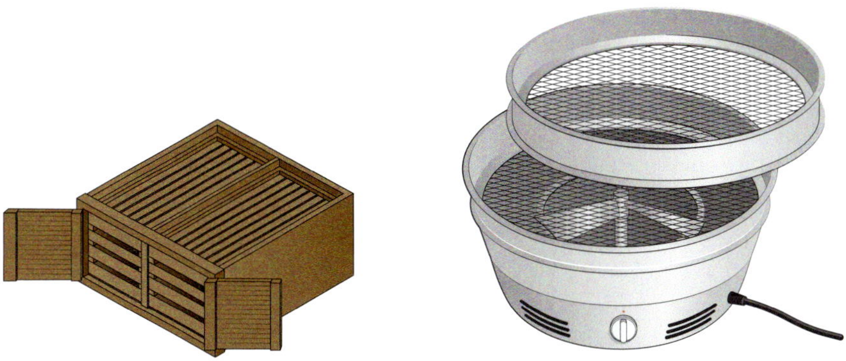

Links: Ein alter Dörrkasten aus Holz, wie er vor einigen Jahrzehnten noch Verwendung fand. Rechts: Bei dieser Skizze einer elektrischen Darre erkennt man sehr gut die Trockensiebe, die Heizspirale und den Luftpropeller.

Ein Dörrgerät mit völlig neuem Prinzip, das Heißluft von oben durch die Dörretagen bläst.

nanenscheiben oder andere dünn geschnittene Früchte oder Pilze dörren möchte, die ja nur 3–4 mm dick sind. Man stellt die Siebe einfach auf kleinen Abstand zueinander und halbiert damit das notwendige Volumen an heißer Luft für den Dörrvorgang.

Der Dörrautomat der Firma Rommelsbacher durchbricht dieses bekannte und bewährte Prinzip der aufsteigenden Wärme und verfolgt einen völlig neuartigen Ansatz: Das Gebläse thront mit Regelung und Schaltuhr über der obersten Dörretage, denn von Dörrsieben kann man hier nicht mehr sprechen. Der von oben angesaugte Luftstrom wird von einem Heizregister erwärmt und unter leichtem Überdruck gleichmäßig in jede Dörretage einzeln verteilt. So entzieht er dort dem Dörrgut auf diese Weise die Feuchtigkeit.

Da zwischen den einzelnen Etagen offene Zwischenräume gelassen wurden, wird die feuchtigkeitsgesättigte Luft schon aus jeder Etage für sich nach außen abgeleitet. Dieses System sorgt für gleichmäßiges Dörren in allen Etagen, ein Umsetzen wegen unterschiedlicher Dörrgrade in den Etagen entfällt somit. Die Dörretagen aus vollflächigem Kunststoff lassen sich gut reinigen, indem sie einfach mit warmem Wasser abgespült werden.

Der Dörrautomat Biosec der italienischen Firma Tauroessiccatori verfügt über ein effizientes elektronisches Programmsystem, das schon von Haus aus für die unterschiedlichsten Dörrprozesse ausgelegt ist.

Dörrsiebe bestehen aus rostfreiem Metalldraht oder aus hitze- und spülmaschinenfestem Kunststoff. Beides eignet sich gleich gut zum Dörren; Nachteile des Metallgitters im Dauerversuch ergaben sich nicht, schließlich sind auch die Töpfe im Haushalt aus Metall. Beide Siebarten lassen sich in der Spüle leicht reinigen und brauchen danach bloß abzutropfen.

Laut Herstellerangaben lassen sich bis zu zehn belegte Trockensiebe aufeinander stapeln. Dann muss man allerdings für lockere Belegung der Siebe sorgen und das Trockengut oft umschichten; bei Früchten mit besonders hohem Feuchtigkeitsgehalt (Erdbeeren, Pfirsiche) wird man sich auf weniger, höchstens fünf Siebe beschränken. In einer Grundausstattung befinden sich meist drei Siebe, zusätz-

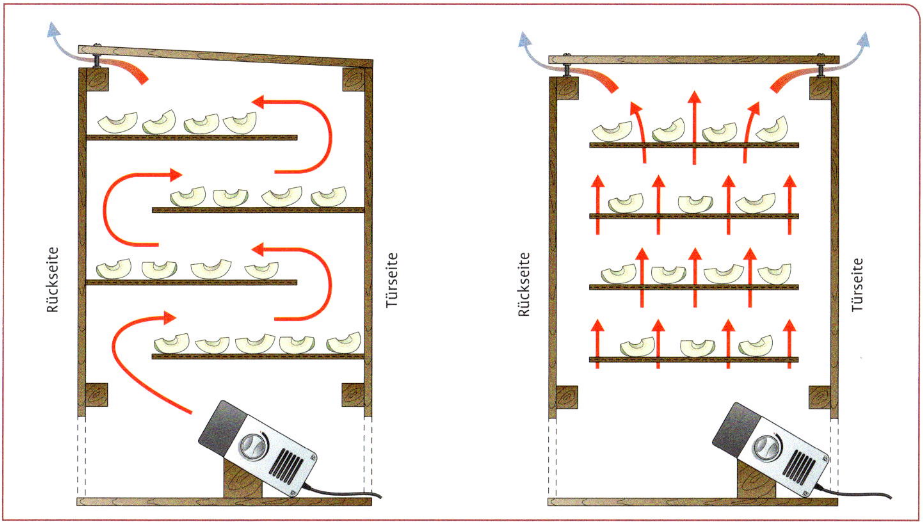

Die Luftführung beim Trocknen ist mit entscheidend für die Qualität des Dörrgutes. Die aufsteigende Luft muss ungehindert über das Dörrgut streichen können. Dies erreicht man durch versetzte Siebe oder lockere Belegung.

liche können problemlos nachgekauft werden. Eine innovative Herangehensweise findet man sowohl im Biosec Dörrgerät als auch beim Arizona Dörrapparat: Dort wird der Luftstrom horizontal gelenkt und diese Technologie soll es ermöglichen, das gesamte Dörrgut in den Sieben gleichzeitig und gleichmäßig zu erreichen, sodass man eine optimierte Dörrzeit und ein einheitliches Ergebnis bekommt.

Die Herstellerangaben für den Stromverbrauch schwanken von 300 bis 450 Watt; bei eigenen Versuchen erwies sich ein solches Gerät als sehr brauchbar, trocknete gleichmäßig bei geräuscharmem Ventilatorlauf. Der Platzaufwand ist gering: Eine Fläche von etwa 40 × 40 cm genügt bereits.

Der Stromverbrauch erscheint zunächst erheblich. Für den Betrieb eines normalen Gefrierschrankes muss man in 24 Stunden durchschnittlich mit einem Verbrauch von 1,5 kW rechnen. Das Dörren von 5 kg Pflaumen bei einem realistischen Zeitaufwand von 12 Stunden und einer Leistungsaufnahme von 300 W schlägt dagegen mit 3,6 kW zu Buche. Damit ist aber der Energieaufwand für die Haltbarmachung der Früchte bereits erschöpft, sie brauchen dann nur noch richtig gelagert zu werden. Der Gefrierschrank jedoch läuft das ganze Jahr über, was bei der oben angenommenen Leistungsaufnahme doch gute 500 kW pro Jahr bedeutet. Nimmt man für den jährlich anfallenden Dörraufwand mit einem elektrischen Dörrgerät zwei Monate Einsatz an, so entsteht ein Verbrauch von etwa 440 kW, wenn es Tag und Nacht in Betrieb ist, und damit lassen sich immerhin 600 kg Obst dörren.

Die in den Gebrauchsanleitungen genannten Richtzeiten für die einzelnen Obst- und Gemüsesorten reichen bei sorgfältiger Trocknung bis zur Lagerreife oft nicht aus. Sie können bis zu einem Drittel der vorgesehenen Zeit überschritten werden und können nur Anhaltspunkte sein.

Wie macht es die Industrie?

Dies sei hier der Vollständigkeit halber ebenfalls erwähnt. Für Großverbraucher wie Kantinen und Mensen zählt bei der Verwendung von Trockengemüse in erster Linie die problemlose, rasche Weiterverarbeitung. Die Qualität des Trockengutes wird also durch die Quellfähigkeit bestimmt, die angibt, wieviel Gramm Wasser unter Standardbedingungen von 10 g Trockengemüse aufgenommen werden. Es leuchtet ein, dass sich die Qualität proportional zur Quellfähigkeit verhält; je höher sie ist, desto wertvoller ist das Trockengut.

In einem solchen, mit Holz beheizten Trockenschrank aus Metall konnte eine Menge Obst auf einmal getrocknet werden. Aus einer Anleitung aus dem Jahr 1881.

Beim Einsatz des Trockengemüses zur Speisenbereitung braucht man wegen des Quellens in Wasser relativ viel Zeit. Daher bewirkt eine besondere Behandlung, die man als hydrothermischen Aufschluss bezeichnet, dass das Einquellen wegfällt und das Gemüse schon nach zehn Minuten gar ist. Das küchenmäßig zubereitete Gemüse wird in Dämpfapparaten über einen gewissen Zeitraum einem Dampfdruck von etwas über 1 bar ausgesetzt. Hierbei schließt man die Zellen auf und erreicht somit die später notwendige Gare.

Das modernste industrielle Dörrverfahren ist zur Zeit die sogenannte Vakuum- oder auch nur Gefriertrocknung, als Schlagwort am bekanntesten vielleicht vom Kaffee. Hierbei friert man das zu trocknende Produkt nach entsprechender Vorbehandlung zuerst einmal ein und setzt es in tiefgefrorenem Zustand einem hohen Vakuum aus. Das Wasser in Form von Eis geht dabei direkt in den gasförmigen Zustand über und wird abgesaugt. Diese Kombination von Unterdruck und Kälte bewirkt äußerst schonende Behandlung des Dörrgutes. Außerdem bleiben arteigenes Aroma, Form und Farbe ziemlich erhalten. Diese technisch aufwendige Methode mit erheblichem Energiebedarf wurde bisher im Wesentlichen in der Nahrungsmittel-Großindustrie eingesetzt. Seit einiger Zeit sind allerdings – vornehmlich in den USA – Vertriebsfirmen auf dem Markt, die Geräte für echte Gefriertrocknung zu Hause anbieten. Solche Geräte kosten für die Nutzung in der eigenen Küche zwischen 2500 und 4000 $, je nach Leistungsfähigkeit.

Die Gefriertrocknung wurde während des Zweiten Weltkriegs erfunden, um die Impfstoffe für Verwundete auf dem Transport ins Kriegsgebiet sicher vor dem Verderben zu bewahren. Eine intakte Kühlkette konnte nämlich unter den widrigen Kriegsbedingungen nicht garantiert werden. Die Technologie wurde dann später im Zuge des NASA Weltraumprogramms dahingehend verfeinert, sodass man eine Vielfalt an gefriergetrockneter Nahrung für die Astronauten herstellen konnte.

Als herausragendster Vorteil gefriergetrockneter Nahrungsmittel ist die extrem lange Haltbarkeit zu nennen: Lagert man sie richtig, so können viele Nahrungsmittel noch nach 10 bis 15 Jahren problemlos verzehrt werden. Und sowohl Geschmack als auch Nährwert sind nach so langer Zeit beinahe so gut wie am Tag der Gefriertrocknung. Der Prozess selbst dauert ca. 24–36 Stunden und wenn später dann im Zuge der Rehydrierung einfach Wasser zugesetzt wird, erhält die gefriergetrocknete Nahrung wieder ihren Originalgeschmack, ihr Aussehen und ihren Nährwert zurück.

Der Nachteil ist zum Teil in aufwendigen Anlagen und einem hohen Energieverbrauch zu sehen, sodass diese Technik nur mäßig angewandt wird.

In besonderen Sprühtrocknungsanlagen, die man in Trockentürmen unterbringt, wird fein zerkleinerte Rohmasse aus Tomaten, roten Rüben, Sellerie und Zwiebeln versprüht und getrocknet. Ein heißer Luftstrom führt dabei die Feuchtigkeit rasch ab. Das so gewonnene Gemüsepulver dient zur Suppenherstellung; Obstpulver verwendet man als Geschmacksträger für Eispulver, Puddings und für Süßwaren.

Natürlich kann man auch selbst Obst- oder Gemüsepulver für den Hausgebrauch herstellen. Man zerkleinert das Dörrgut dazu möglichst fein und „übertrocknet“ es, bis es so gut wie keine Feuchtigkeit mehr enthält und bröselig wird. Dann zerreibt man es mit einem Nudelholz zu feinem Pulver. Selbstverständlich eignen sich dafür nur Obst- und Gemüsesorten, die beim Trocknen spröde, nicht ledern werden. Pilzpulver, Zwiebelpulver und Gewürzpulver aus Suppengemüse sind bekannte Anwendungen dieser Methode.

Acht goldene Regeln

1. Alle Früchte, die getrocknet werden sollen, müssen reif, sauber und von guter Qualität sein. Überreife, wurmige oder fleckige Früchte kommen nicht in Betracht.
2. Kerngehäuse, Kerne und Stiele werden vorher sorgfältig entfernt; Äpfel werden geschält. Birnen können auch mit der Schale und sogar mit dem Kerngehäuse gedörrt werden (zum Beispiel als Stuttgarter Hutzeln); Pilze putzt man gleich beim Sammeln grob.
   Das geschälte und vorbereitete Obst muss so schnell wie möglich in die erwärmte Darre gebracht werden, damit es nicht braun und unansehnlich wird.

3. Blanchieren oder kurzzeitiges Vorkochen von Obst und Gemüse erleichtern sowohl das Dörren als auch die Weiterverarbeitung des Getrockneten später in der Küche.
4. Früchte werden zum Dörren niemals aufeinander, sondern immer nebeneinander gelegt. Ungeschältes Obst wird grundsätzlich mit der Schnittfläche nach oben auf die Dörrsiebe gelegt.
5. Zum Trocknen eignet sich nur trockene, warme Luft, die zirkulieren kann.
6. Zügiges Trocknen bei jeweils richtiger Temperatur verhindert Nährstoffverlust und Schimmelbefall.
7. Der Dörrprozess ist dann abgeschlossen, wenn beim Drücken der Früchte kein Saft mehr austritt. Pilze sollen „rascheln", Gemüse soll lederartig sein und Kräuter sollen bröseln.
8. Das fertige Trockengut lagert man dunkel in dicht schließenden Gläsern oder an trockenen Plätzen in braunen Papiertüten. Die Temperatur im Lagerraum sollte möglichst 12 °C nicht übersteigen.

Diese Grundregeln sind die Voraussetzung für gute Qualität. Prüfen Sie nach etwa zehn bis vierzehn Tagen den Feuchtigkeitsgehalt des aufbewahrten Dörrguts, indem Sie ein Stückchen davon anschneiden. Wenn Sie an der Schnittkante noch Feuchtigkeit feststellen können, wurde nicht ausreichend gedörrt; dörren Sie in diesem Falle entsprechend nach. Klebeetiketten mit Inhaltsangabe und Dörrdatum an den Aufbewahrungsgläsern oder -tüten sorgen dafür, dass Sie stets den Überblick über Ihr wertvolles Dörrgut behalten.

Trockenzeiten

In der Tabelle rechts sind Richtwerte für das Dörren der im Buch besprochenen Obst- und Gemüsesorten zu Hause angegeben. Natürlich hängt die individuelle, tatsächliche Trockenzeit einer jeden Frucht von ihren augenblicklichen Gegebenheiten wie Wassergehalt, Reifezustand, Größe und Trockenart ab. Die Erfahrungswerte beziehen sich auf das Dörren mit einer elektrischen Darre bei lockerer Belegung der Trockensiebe. Die Tabelle bietet damit immerhin Anhaltspunkte für die Trockenzeiten. Unter der Rubrik Dörrgrad wird angegeben, auf wieviel Prozent ihres ursprünglichen Volumens die Frucht nach dem Trockenvorgang ungefähr schrumpft.

Lagerung des Trockengutes

Gedörrtes Obst oder Gemüse, Kräuter und Pilze will man meist über einen längeren Zeitraum bis zur Verwendung aufbewahren. Durch die unvermeidbar enthaltene Restfeuchtigkeit von durchschnittlich 10 bis 15 % muss man das Dörrgut korrekt lagern, damit man vor bösen Überraschungen sicher sein kann.

Will man das Dörrgut über mehrere Monate hinweg aufbewahren, gilt es vor allem, Feuchtigkeit von außen von den Nahrungsmitteln fernzuhalten und

Schnellübersicht Trockenzeiten

Früchte	Trockenzeit/h	Aufbereitung	Dörrgrad
Äpfel	8	ca. 10 mm dicke Scheiben	40 %
Birnen	10	geviertelt	25 %
Aprikosen	12	halbiert	30 %
Kirschen	11	ganz	40 %
Pflaumen	12	halbiert	35 %
Pfirsiche	10	dünne Spalten	20 %
Bananen	8	8 mm Scheibchen	50 %
Heidelbeeren	10	ganz	30 %
Brombeeren/Himbeeren	12	ganz	25 %
Erdbeeren	14	halbiert	25 %
Holunder	12	ganz	30 %
Hagebutten	6	geviertelt	50 %
Gemüse	**Trockenzeit/h**	**Aufbereitung**	**Dörrgrad**
Karotten	6	kleine Schnitze	25 %
Paprika	6	10 mm Streifen	30 %
Tomaten	8	Scheibchen	25 %
Blumenkohl	6	blanchiert in kleinen Röschen	50 %
Bohnen	5	kleine Schnitze	60 %
Zwiebelgemüse	5	Stückchen	50 %
Pilze	**Trockenzeit/h**	**Aufbereitung**	**Dörrgrad**
Maronen, Birkenpilze, Rotkappen u. a.	8	Scheibchen	50 %
Körner	**Trockenzeit/h**	**Aufbereitung**	**Dörrgrad**
Mais	6	ganze Körner	80 %
Getreide	5	enthülst	90 %
Samen, Kerne, Nüsse	4	ohne Schalen	90 %
Obstleder/Fruchtriegel		**Trockenzeit/h**	
		8–12, je nach verwendeter Fruchtmischung	
Kräuter		**Trockenzeit/h**	
feste, spröde Kräuterarten weichblättrige Kräuterarten		alle Kräuter an der Luft 2–3 Wochen im Dörrgerät, mäßige Hitze, 4–6 h oder Lufttrocknung in der Mikrowelle, höchste Stufe, Blätter 1 × wenden, ca. 2 min.	

für eine gleichmäßige Temperatur, möglichst nicht über 12 °C, zu sorgen. Die Aufbewahrung des Trockengutes in der Küche kommt also wegen Wärme und Feuchtigkeit, die beim Kochen entstehen, nicht in Frage.

Ideale Lagerräume sind ein luftiges Kellerabteil, eine Speisekammer oder ein belüfteter Vorratsschrank. Helles Tageslicht soll ebenso vermieden werden wie die Nachbarschaft stark riechender Lebensmittel wie Zwiebel oder Knoblauch. Der Geruch könnte sich leicht auf das Dörrobst übertragen.

Ähnlich wie zum Einfrieren packt man die Trockenfrüchte in vernünftigen Portionen ab. Kleinere Mengen kann man in Cellophantütchen oder in braune Papiertüten abfüllen, die noch den Vorteil besitzen, lichtundurchlässig zu sein. Allerdings erkennt man bei ihnen nicht, wenn es innen schimmelt. Überschüssige Luft drückt man beim Einfüllen heraus, danach kann man mehrere Tüten miteinander in einer Dose verstauen. Genauso gut eignen sich zur Aufbewahrung auch verschließbare Glasbehälter, Plastik- oder Blechdosen.

Entscheidend ist, dass das gelagerte Trockengut so verschlossen ist, dass weder Feuchtigkeit noch Luft einzudringen vermögen. Es ist nötig, von Zeit zu Zeit Stichproben zu nehmen und das Dörrgut zu kontrollieren.

Angeschimmeltes Dörrgut muss entfernt werden; es lässt sich nicht mehr verwenden. Außerdem muss man in einem solchen Fall benachbarte Tüten oder Gläschen unbedingt ebenfalls einer genaueren Kontrolle unterziehen. Mikroorganismen erwachen bei höherer Luftfeuchtigkeit (über 50 %) sozusagen zu neuem Leben und können so viel Schaden anrichten.

Ist einmal etwas kaputt gegangen, sollte man sich die Mühe machen, nachzuprüfen, was die Ursache dafür sein konnte. Entweder wurde zu kurze Zeit getrocknet, oder die Ware war von Haus aus schlecht, oder die Verpackung und der Lagerort entsprachen nicht den Anforderungen.

Eine wesentliche Arbeitserleichterung besteht darin, dass man sich von vorneherein angewöhnt, jedes Päckchen Dörrgut mit einem Aufkleber zu versehen, auf dem genau Datum und Inhalt vermerkt sind. Wenn man später einmal seinen Lagerbestand durchgeht, erkennt man auf den ersten Blick, welche Vorräte man noch besitzt und was demnächst verbraucht werden sollte, denn lange Lagerzeiten verringern die Qualität, vor allem die Aromastoffe gehen verloren.

Vorratsschädlinge

Vorratsschädlinge sind Tiere, die unsere Vorräte an Trockengut schädigen. Der Schaden, den sie vermehrt in der Umgebung des Menschen verursachen, ist beachtlich. Durch Lebensmitteleinkäufe oder auch durch Baumängel gelangen Vorratsschädlinge in unsere Küchen und Speisekammern. Am verbreitetsten sind bei uns die Dörrobst- und Getreidemotten, Korn- und Speckkäfer, aber auch Ratten und Mäuse.

In aller Regel sind wir mit der Dörrobstmotte und der Hausmaus konfrontiert:

Schnellübersicht zur Vermeidung von Dörr- und Lagerproblemen

Problem	Ursache	Vermeidung
Feuchtigkeit im Dörrgutglas oder -behälter	Unzureichender Dörrvorgang	Ausreichend nachdörren
	Dörrgut nicht gleich groß geschnitten	Dörrgut in gleichmäßig große Stückchen schneiden
	Dörrgut wurde nach dem Trockenvorgang zu lang bei Zimmertemperatur aufbewahrt, sodass sich die Feuchtigkeit darin wieder ausbreiten konnte	Nach dem Dörren rascher abkühlen und gleich anschließend lagern
Schimmel auf dem Dörrgut	Unzureichender Dörrvorgang	Schimmelige Stücke entfernen
	Dörrgut wurde nicht innerhalb von zehn Tagen nach dem Dörren auf Feuchtigkeit untersucht	Dörrgutbehälter innerhalb von zehn Tagen nach dem Dörren auf Feuchtigkeit untersuchen und gegebenenfalls nachdörren, sofern das Dörrgut noch einwandfrei ist
	Aufbewahrungsbehälter nicht luftdicht	Luftdichte Behälter verwenden
	Lagertemperatur ist zu hoch und im Dörrgut befindet sich noch Restfeuchtigkeit	Dörrgut am kühlsten und trockenen Platz im Haus lagern
	Es wurde bei zu hoher Temperatur gedörrt, sodass das Dörrgut außen zu rasch fest wurde und innen feucht blieb	Dörrtemperatur dem Dörrgut anpassen
Braune Stellen am Dörrgemüse	Zu hohe Dörrtemperatur verwendet	Dörrtemperatur dem Dörrgut anpassen
	Gemüse zu lang getrocknet	Dörrzustand beim Trocknen von Zeit zu Zeit überprüfen
Insekten im Dörrgutbehälter	Verschluss passt nicht richtig	Richtige, luftdicht schließende Gläser verwenden
	Dörrgut trocknete im Freien in einem Trockenschrank	Am besten und sichersten im Haus an einem insektenfreien Platz mit einem elektrischen Dörrgerät trocknen

Schnellübersicht zur Vermeidung von Dörr- und Lagerproblemen (Fortsetzung)

Problem	Ursache	Vermeidung
Löcher in den Dörrguttüten	Insekten oder Nagetiere bohren sich durch Plastik	Verwendung von Plastiktüten vermeiden, außer das Dörrgut wird darin im Kühlschrank gelagert
		Dörrgut am besten in luftdichten Gläsern, fest verschließbaren Plastikdosen oder sauberen Metalldosen lagern

Die wärmebedürftige Dörrobstmotte (8–12 mm groß) stammt ursprünglich aus dem Mittelmeerraum, wurde aber im Laufe der Zeit fast über die ganze Welt verschleppt. Die Vollinsekten selbst richten keinen Schaden an, nur ihre Raupen bzw. Larven. In Verpackungsfolien wird ein winziges Loch gebissen und später verpuppen sich die Raupen in der Verpackung oder die Larven wandern weg von ihren Nahrungsquellen und verpuppen sich an anderer Stelle. Deshalb findet man die Puppen der Dörrobstmotte selten bei den geschädigten Vorräten, sondern oft viele Meter weit weg in kleinen Ritzen oder anderen Verstecken. Selbst Behälter mit Schraubverschlüssen sind für die geschlüpften Larven kein wirkliches Hindernis, denn sie kriechen im Gewinde aufwärts und nagen sich durch die Dichtung. Auf diese Weise dringen die Schädlinge sogar in vermeintlich sichere Gefäße ein und durch das immer milder werdende Klima könnte sich diese Mottenart zunehmend zu einem heimischen Insekt entwickeln. Meist werden ausgerechnet gelagerte Lebensmittel und Dörrgut befallen und wenn man einen Befall feststellt, ist dieser meistens schon mehrere Wochen alt.

Die Hausmaus (etwa 9 cm langer Körper) verfügt über eine große Vermehrungsfähigkeit, nämlich vier bis sechs Würfe jährlich mit vier bis acht Jungen pro Wurf. Sie lebt gerne in trockenen Räumen, kann sich aber ausgezeichnet an verschiedene Bedingungen anpassen, z. B. auch an die Kälte von Kühlhäusern.

Vorbeugung gegen den Befall

Die beste Maßnahme ist natürlich Vermeiden der Einschleppung, d. h. strenge Hygiene, kühle Lagerung gefährdeter Vorräte, intakte Fliegengitter, sofortige Beseitigung der Umverpackungen, insbesondere Wellpappverpackung. Den Motten und Maden muss der Zugang zum Trockengut im Idealfall unmöglich gemacht werden. Daher achten Sie auf strenge Sichtkontrolle der eingekauften Vorräte, kontrollieren Sie besonders Ritzen und Fugen in Ihrer Vorratskammer auf verpuppte Raupen und sorgen Sie eventuell für das Ausbringen von Repellentien (Duftstoffe, die Insekten nicht mögen).

Bekämpfung bei Befall

Befallenes Trockengut muss aussortiert und weggeworfen werden, unbefallene Vorräte werden in fest verschließbaren Gefäßen aufbewahrt, um Neubefall auszuschließen. Sofern man die Möglichkeit dazu besitzt, sollte man das befallene Dörrgut vor dem Verwerfen mindestens 24 Stunden unter −15 °C einfrieren. Gefährliche insektizide Mittel verbieten sich von selbst, da es sich beim Dörrgut ja um Nahrungsmittel handelt.

Es gibt zwei bessere Methoden zur erfolgreichen Bekämpfung dieser Vorratsschädlinge: Einmal spezielle, giftfreie Lockstofffallen (Pheromonfallen), die sowohl zur Bekämpfung als auch zur Befallsüberwachung dienen. Für die Bekämpfung eignen sie sich allerdings nur bedingt, weil damit nur männliche Tiere gefangen werden, die dann zur Befruchtung der Weibchen nicht mehr zur Verfügung stehen. Dabei ist es jedoch unsicher, dass alle Männchen gefangen werden. Herumfliegende Motten fängt man am besten mit dem Staubsauger, der Staubbeutel wird danach sofort weggeworfen.

Manches Trockenobst wird man günstiger und bequemer kaufen, um es für eines der Traditionsrezepte zu verwenden.

Auch hohe Einmachgläser mit Gummiring und Metallklammer eignen sich für die Aufbewahrung von Trockenfrüchten und gedörrtem Gemüse.

Zum anderen gibt es die naturgemäße Bekämpfung der Dörrobstmotten: mit Nützlingen wie die Schlupfwespe, die nur einen halben Zentimeter groß ist, nicht sticht und durch Aussterben selbst verschwindet, sobald die Motteneier vernichtet sind. Sie legt ihre eigenen Eier in die Motteneier, die sie absolut sicher aufspürt. Ein Schlupfwespeneinsatz dauert in der Regel acht Wochen. Danach kann man noch eine Pheromonfalle aufstellen, um eventuell noch vorhandenen Befall sofort zu erkennen.

Verwendung und Verarbeitung des Trockengutes

Vieles an getrocknetem Obst kann man in der Küche anstelle von Frischobst für Kuchen verwenden. Dazu muss man das Trockenobst meist zwei bis vier Stunden in lauwarmem Wasser weichen und aufquellen lassen. Das Einweichwasser, das auch einen Anteil gelöster Nährstoffe enthält, lässt sich bei vielen Rezepten mitverwenden.

Vielfach stellt man fest, dass man die getrockneten Früchte für die Verarbeitung zerkleinern muss. Dabei spielt es keine Rolle, ob es sich um gedörrt gekaufte Früchte wie Feigen oder selbst getrocknete wie Aprikosen handelt. Die meisten Arten lassen sich problemlos in modernen Haushaltsmaschinen zerkleinern. Wo dies wegen zu hoher Zähigkeit (Zwetschen) der Frucht schwierig ist, greift man auf den bewährten, alten Fleischwolf zurück und dreht die Früchte durch. Zuletzt schiebt man noch eine halbe Semmel nach.

Gemüse lässt man durchschnittlich zwei Stunden in kaltem Wasser quellen, bevor man es weiterverwendet. Für blanchiertes oder vorgekochtes Gemüse reicht auch vielfach die halbe Zeit aus. Gemüse- oder Würzpulver, aus krautigen Gemüsen wie Petersilie, Sellerie und Pastinak, kann man direkt zum Würzen und Abschmecken von Gerichten benutzen. Verschiedene Mischungen von Suppengemüsen, Saucengemüsen usw. lassen sich gleich nach dem Dörren zusammen in Gläsern oder Tütchen aufbewahren. Damit hat man eine hervorragende Auswahl an fertig vorbereiteten Mischungen zur Hand, die die Küchenarbeit später sehr erleichtern.

Auch Dörrpilze lassen sich da mit einbeziehen. Zur Herstellung von Pilzpulver überdörrt man sie, sodass sie leicht zerkrümeln und ein gutes Würzaroma für verschiedene Saucen und Salate abgeben. Getrocknete Pilzscheibchen müssen ebenso wie Gemüse oder Obst vor dem Gebrauch drei bis vier Stunden eingeweicht werden.

Für Tees und getrocknete Heilkräuter gibt es je nach Ausgangsmaterialien bzw. Verwendungszweck verschiedene Zubereitungsarten.

Blüten werden nur kurz aufgebrüht, damit sie ihr Aroma behalten.

Blätter und Stiele werden mit kochendem Wasser aufgegossen und sollten fünf Minuten ziehen.

Wurzeln und Hölzer weicht man mehrere Stunden kalt ein und bringt sie dann im Einweichwasser auf Trinktemperatur. Eventuell kurz ziehen lassen.

Danach gießt man den Tee jeweils ab und trinkt ihn so, wie er ist, oder süßt mit einer Spur Honig nach.

Obst

Beinahe alle Obst- und Gemüsearten eigenen sich zum Trocknen und zwar umso besser, je niedriger der Wassergehalt ist. Wichtig ist, dass die Frischware von bester Qualität ist, gut ausgereift, ohne Druckstellen, Schorf oder Wurmbefall, die den Geschmack erheblich beeinträchtigen können. An Schadstellen können außerdem bereits Mikroorganismen tätig geworden sein, die das Dörrgut später während des Lagerns schimmeln lassen.

Wer keinen eigenen Garten besitzt und Obst und Gemüse kaufen muss, sollte, soweit das Dörren dann noch sinnvoll ist, herausfinden, wo er verlässlich unbehandelte, naturbelassene Ware erhält.

Alles Obst wird sorgfältig verlesen, gewaschen und gut abgetrocknet, von den Stielen befreit. Steinobst wird entsteint, aus dem Kernobst wird das Kernhaus herausgeschnitten. Etwaige Druckstellen an sonst guten Stücken schneidet man großzügig aus. Früchte wird man in den seltensten Fällen im Ganzen trocknen. Ausnahmen sind Pflaumen und alle Beeren. Alles andere Obst wird halbiert, in Scheiben oder Schnitze geschnitten.

Nur Früchte bester Qualität, Sorgfalt bei der Verarbeitung und Erfahrung bringen so perfekte Ergebnisse.

Um die Verfärbung des Fruchtfleisches zu verhindern, gibt es einen einfachen Trick: Frisch geschnittene Apfelscheiben beispielsweise taucht man kurz in 1%iges Salzwasser (10 g Salz auf 1 l Wasser). Manche Obstsorten, wie z. B. Aprikosen, die über besonders viel natürliche Süße verfügen, kann man vor dem Dörren auch mit verdünntem Zitronensaft bzw. 0,1%iger Zitronensäure (0,01 cl Säure auf 1 l Wasser) einsprühen; dies erhält ebenfalls das ursprüngliche Aussehen der Früchte. Eine weitere Möglichkeit ist es, die Früchte vorzusüßen, was bei vielen Fruchtarten empfehlenswert ist. Die notwendige Zuckerlösung stellt man aus 500 g Zucker und 1 l Wasser her. In dieser Lösung erhitzt man die Früchte und lässt sie in der Zuckerlösung abkühlen. Dann lässt man die Früchte auf einem Sieb abtropfen, und trocknet sie, bis sie zwar weich und biegsam sind, auf Druck aber kein Wasser mehr freigeben. Hier wirkt die Zuckerkonzentration bereits konservierend und erfordert weniger intensives Dörren, sodass dabei auch die ursprüngliche Fruchtfarbe besser erhalten bleibt.

Das Obst wird sorgfältig auf die Dörrsiebe gelegt. Sie sollten nicht zu dicht belegt werden, keinesfalls dürfen Früchte übereinander liegen.

Bei etwa 50 °C wird vorgetrocknet. Damit alles gleichmäßig trocknet, werden die Siebe nach Möglichkeit ge-

Agar-Agar ist eine Meeresalge, die man zum Andicken von Obstleder verwenden kann.

dreht oder das Obst wird gewendet und umgeschichtet. Danach kann die Temperatur fallweise auf ca. 65 °C erhöht werden; viel höher sollte man nicht gehen, sonst trocknet die Oberfläche eventuell zu schnell und es kann dann kaum mehr Feuchtigkeit austreten. Gegen Ende des Dörrens, wenn die Früchte nur noch wenig Wasser enthalten, wird bei niedrigerer Temperatur fertig getrocknet, um Geschmacks- und Farbveränderungen zu verhindern.

Obst ist ausreichend gedörrt, wenn es sich trocken und ledrig anfühlt und bei Druck keine Feuchtigkeit mehr austritt.

Obstleder und Fruchtpasten

Eine besondere Spezialität für den Dörrprofi sind Früchtemischungen und Obstleder oder -pasten. Dabei kann man zwei oder mehrere Fruchtsorten in einem beliebigen Verhältnis miteinander mischen; so etwa Apfelschnitze mit zerkleinerten Aprikosen und fein gehackten Walnüssen.

Die Früchte werden klein geschnitten oder gehackt, miteinander vermischt und püriert. Man kann dabei mit etwas dickflüssigem Honig nachsüßen. Diese Masse trägt man knapp 1 cm hoch auf ein Backpapier auf, das über ein halbes Trockensieb gelegt wird. Über die verbleibende freie Hälfte des

Für Obstleder wird die pürierte und mit Honig gesüßte Masse, hier sind es Erdbeeren, auf Backpapier aufgetragen.

Dörrsiebes erfolgt der Luftaustausch, der ja durch die Folie etwas behindert ist. Bei langsamer Lufttrocknung ohne Wärmequelle kann es bei niedriger Temperatur passieren, dass sich an einer Siebecke oder an Stellen, an denen die Masse etwas dicker aufgetragen wurde, Grünschimmel ansetzt. Von einer Weitertrocknung ist in diesem Falle abzuraten; das Trockengut ist verdorben.

Um bei Obstleder und Obstmischungen Schimmelbildung von vornherein auszuschließen, kann man die Masse mit Agar-Agar aus dem Bioladen oder mit Leinsamen andicken. Die Fruchtmasse darf nie zu dick aufgetragen werden und das Trocknen sollte bei Temperaturen um 65 °C stattfinden.

Am besten gelingt Obstleder mit Backpapier und im Backrohr 2–3 Stunden gebacken. Das fertige Obstleder gleich samt Backpapier in Streifen schneiden, aufrollen und in einem luftdichten Behälter aufbewahren. Oder die Masse vorsichtig vom Backpapier ablösen und in kleine Würfel oder Rauten schneiden. Diese Fruchtstückchen sind an Wohlgeschmack kaum zu übertreffen. Die Variationsvielfalt bei Obstleder ist beinahe grenzenlos und man sollte sich dabei nur von Experimentierfreude und Geschmacksempfinden leiten lassen. Selbstverständlich kann man dazu auch Gewürze wie Koriander, Zimt oder auch Honig verwenden.

Eine andere Möglichkeit, Fruchtpasten zuzubereiten, ist, die Früchte

Obstleder schmeckt ausgezeichnet.

zunächst mit wenig Wasser weich zu kochen, anschließend zu pürieren und das Mus dann mit Zucker dick einzukochen. Diese Masse wird dann ebenfalls auf ein Backpapier aufgetragen und getrocknet. Für diese Art der Zubereitung eignen sich vor allem Äpfel, Quitten und Aprikosen.

Rezepte für die leckeren Fruchtpasten sind bei den einzelnen Obstarten zu finden.

Äpfel

Äpfel gehören ohne Zweifel zu den vielseitigsten Früchten überhaupt. Sie lassen sich leicht lagern und sind widerstandsfähig. Es gibt sie in zahlreichen Sorten, die sich in Größe und Form der Früchte, Aroma und Zeitpunkt der Pflückreife unterscheiden. Auf die Sommersorten, bei denen Pflück- und Genussreife eng beisammen liegen, folgen die Herbstsorten und danach die Spätsorten, die erst ab Ende Oktober gepflückt werden. Kühl gelagert, bleiben sie bis in den März hinein genießbar.

Trotz der guten Lagerfähigkeit frischer Äpfel ist es reizvoll, Äpfel zu trocknen, weil Apfelschnitze vielseitig verwendbar sind. Geeignet sind vor allem die alten Sorten, wie Goldparmänen, Renetten und Gewürzluiken und alle anderen Sorten, bei denen Zucker und Säure in einem ausgewogenen Verhältnis stehen (6 kg frische Äpfel ergeben etwa 1 kg Trockenware).

Druckstellen und Schorfflecken beeinträchtigen den Geschmack erheblich. Deshalb werden nur ganz einwandfreie Früchte verwendet. Sie werden gewaschen und dann geschält. Eine gründliche Reinigung mit einer Bürste ist vor allem dann nötig, wenn die Schalen getrocknet werden sollen. Sie ergeben einen schmackhaften Tee.

Man kann die Äpfel schnell, d. h. bei etwas höherer Temperatur und in Viertel oder Achtel geschnitten, trocknen oder das Kerngehäuse ausstechen und die Äpfel dann in Scheiben schneiden oder einfach halbieren und blättrig dünn hobeln. Damit sie gleichmäßig trocknen, achtet man darauf, dass die Schnitze alle ungefähr gleich stark sind. Aufgrund der enthaltenen Säuren oxidiert der Apfel beim Trocknen rasch und wird braun. Dagegen hilft kurzes Eintauchen in schwaches Zitronenwasser.

Will man Mischungen aus verschiedenen Obstsorten herstellen, eignet sich der Apfel besonders gut als Bindemittel. Siehe dazu die Herstellung von Obstleder Seite 32.

Apfelringe in Ananassaft

2 kg feste Äpfel
250 g Cashewkerne
Saft einer Ananas
1 TL Honig

Die Kerngehäuse der gereinigten Äpfel ausschneiden, die Äpfel schälen und in Ringe schneiden. In einer kleinen Schüssel den Saft einer Ananas mit dem Honig gut verrühren. Nun die Apfelscheiben in den Saft tunken und auf die Dörrsiebe legen. Das Fruchtfleisch bleibt so weitgehend weiß und der Geschmack wird exzellent. Die getrockneten, geschrumpften Apfelringe mit den grob gehackten Cashewkernen zu einer vorzüglichen Knabbermischung für gesellige Winterabende mischen.

Apfelchips

500 g frische Äpfel
50 g Rosinen
etwas Honig

Die Äpfel und Rosinen fein hacken. Alle Zutaten mischen und verrühren, bis die Konsistenz von festem Apfelmus erreicht ist. Dann etwa 1 cm dick auf

Damit Apfelringe sich beim Dörren nicht verfärben, beträufelt man sie mit Zitronensaft oder kocht sie kurz in Zuckerlösung auf.

Backtrennpapier auftragen und auf den Trockenrost legen. Die Masse schrumpft innerhalb weniger Tage bei richtiger Trocknung und kann danach in dünne Streifchen geschnitten werden.

Schokoladenchips

gedörrte Obstscheiben (Apfel, Aprikose oder Zwetsche)
Schokoladenglasur

Tauchen Sie die fertig gedörrten Obstscheiben in Schokoladenglasur und lassen sie diese auf einem Rost oder Gitter trocknen.

Als Alternative bietet sich an, die Obstscheiben schräg auf Zahnstocher zu spießen, danach in die Schokoladenglasur zu tauchen und die Stäbchen zum Trocknen in Blumensteckziegel o. Ä. zu stecken. Die Schokoladenglasur kann je nach Geschmack Vollmilch oder Zartbitter sein.

Apfelknabberei

500 g Äpfel
300 g Bananen
50 g Walnüsse, grob zerkleinert
2 EL Honig

Die Früchte sorgfältig zerkleinern und alles gut verrühren. Zuletzt den Honig und die Walnüsse hineingeben. Das Püree auf ein Backpapier auftragen und schnell trocknen. Danach in kleine Würfel schneiden.

Apfelmarmelade

500 g getrocknete Äpfel
500 g Zucker (bei Gelierzucker etwas weniger)
25 g geschälte Mandeln, fein gehackt
1 Zitrone mit unbehandelter Schale
1 l Wasser

Früchte mehrere Stunden im Wasser einweichen; anschließend Zucker, Mandeln und Zitronensaft beifügen. Nun etwa 40 Minuten unter Rühren kochen lassen. Zuletzt die Schale der Zitrone hineinreiben und die heiße Marmelade in vorbereitete, gut gereinigte und heiß ausgespülte Gläser abfüllen und luftdicht verschließen.

Apfel- oder Quittenpaste

2 kg Äpfel oder Quitten
Zucker

Die Äpfel oder Quitten werden gewaschen, die Quitten werden außerdem gebürstet und abgerieben und dann mit Schale und Kernhaus zerkleinert (bei den harten Quitten ist es mit dem Schnitzelwerk einer Küchenmaschine am einfachsten) und in wenig Wasser weichgekocht. Die weichgekochten Früchte werden durch ein Sieb gestrichen und die Masse dann gewogen. Mit der gleichen Menge Zucker verrührt, wird das Mus so lange bei schwacher Hitze gekocht, bis es dick ist und klumpig vom Löffel fällt. Die Quitten verfärben sich beim Kochen und werden tiefrot.

Diese Masse wird nun knapp 1 cm dick auf die mit Backpapier belegten Siebe des Dörrgerätes oder auf ein Backblech aufgetragen und langsam getrocknet, dabei einmal gewendet, indem man frische Folie auf die Oberfläche der Masse legt, sie stürzt und die feuchte Folie von der Unterseite abzieht.

Die getrocknete Paste wird in Rauten oder in Würfel geschnitten und in Zucker gewälzt.

Apfelschalentee

Getrocknete Apfelschalen werden mit kochendem Wasser übergossen und 2 Minuten darin gekocht. Dies ergibt einen schmackhaften Tee. Eine Variante ergibt sich aus einer Mischung von Apfelschalen und getrockneten Hagebutten. Zum Süßen ist Honig geeignet, die Zugabe von Zitronensaft oder etwas Zitronenschale macht den Tee besonders erfrischend.

Apfel-Erdnusskonfekt

6 Tassen gehackte, feste Äpfel
1 Tasse Erdnussbutter
2 EL Honig
1 TL Leinsamen

Die Zutaten gut durchmischen und etwa 1 cm dick auf Butterbrot- oder Backpapier auftragen. Bei etwa 60 °C trocknen und in kleine Quadrate schneiden.

Birnen

Diese Frucht gehört mit dem Apfel zu einer der am häufigsten angebauten Obstarten. Leider ist die Birne sehr empfindlich. Sie lässt sich nicht lange lagern und bekommt rasch unschöne Druckflecken. Vor allem feste, aromatische Sorten sind zum Trocknen geeignet. Während bei Äpfeln nur wohlschmeckende Früchte mit ausgewogener Süße und Säure auch gutes Dörrobst ergeben, ergeben die herben Birnensorten, die im rohen Zustand oft einen weniger guten Geschmack haben, gutes Dörrobst; die feinen Butterbirnen sind besser zum Einmachen geeignet. Die Früchte sollen reif, keinesfalls aber überreif sein.

Die Birnen werden nur halbiert oder in Spalten oder dünne Scheiben geschnitten, die allerdings ähnlich wie Äpfel an der Luft leicht braun und unansehnlich werden. Dies tut dem Geschmack keinen Abbruch. Zum Trocknen verteilt man die Schnitze locker auf die Siebe und wendet sie nach einiger Zeit. Am besten trocknet man rasch bei mindestens 40 °C (5 kg frische Birnen ergeben etwa 1 kg Trockenobst).

Ansehnlicher werden Birnenringe. Die Birnen werden gewaschen, die Kerngehäuse ausgestochen und dann werden die Birnen in etwa 5 mm dicke Scheiben geschnitten und auf den Trockenrost gelegt. Im elektrischen Dörrgerät sind die Scheibchen nach etwa 6 Stunden bei einer Temperatur von 70 °C gedörrt und lagerfähig. Sie bleiben dabei biegsam.

Sehr kleine Birnensorten werden ungeschält, leicht schräg aneinandergelehnt, auf die Siebe gereiht und so getrocknet. Dazu heißt es in einer alten Anleitung: „Dem Kernobst gebe man anfangs eine hohe Temperatur (60 bis 80 °R) und mäßige die Wärme später auf 43 bis 50 °R. Früchte, die in ihrem Dampf, der sich anfangs schnell entwickelt, sieden, wenn auch nur kurze Zeit, dörren besser und werden süßer und schmackhafter, kochen sich

Damit Birnenschnitze so hell bleiben, werden sie in Zuckerlösung und 0,1%iger Zitronensäure blanchiert.

auch viel besser, als nicht im Dampf geschwelgte. Sowie man bemerkt, dass die Früchte so weich geworden, dass sie ohne besondere Mühe mit einem Strohhalm durchbohrt werden können, wird bei 45 bis 50 °R fortgedörrt.“ Als Alternative wird in diesem Buch geraten, ganze Früchte zunächst etwa 5 Minuten in Dampf vorzugaren und dann bei 45 bis 50 °R zu trocknen, weil sie dadurch innen weicher bleiben. Ganze Früchte schrumpeln beim Trocknen stark und werden sehr dunkel, fast schwarz. Diese sogenannten Hutzeln, in anderen Gegenden auch Kletzen genannt, sind wichtigste Zutat zum „Hutzel-“ oder Birnenbrot (1 °R = 1,25 °C).

Wer Birnen bisher immer nur in frischem Zustand genossen hat, wird von dem gehaltvollen, ausgezeichneten Geschmack getrockneter Birnen überrascht sein. Der Zuckergehalt der getrockneten Birnen entfaltet sich so richtig beim Kauen im Mund. Ein Großteil der Stärke hat sich beim Dörren in Zucker umgebildet.

Birnenkonfekt

1 kg reife Birnen
500 g aromatische Äpfel
Saft von 3 Zitronen
100 g Mandelsplitter, geröstet
etwa 1 kg Zucker

Birnen und Äpfel vierteln oder achteln, mit wenig Wasser weichkochen und durch ein Sieb streichen. Das Mus mit der gleichen Gewichtsmenge Zucker und dem Zitronensaft dick einkochen. Zuletzt die Mandeln unterrühren. Die Masse etwas abkühlen lassen und dann 1 cm dick auf die mit Folie belegten Trockengitter streichen und trocknen. Dabei einmal über frischer Folie wenden und getrocknet in Würfel oder Rauten schneiden.

Birnengusto

1 kg reife Birnen
2 EL Honig, etwas Zimt
Agar-Agar

Birnen reinigen, schälen, Kerngehäuse entfernen und die Früchte vierteln. Dann mit dem Pürierstab oder im Mixer zu einem Brei zerkleinern, den Honig darunterrühren und Zimt nach Geschmack beimengen. Zuletzt etwas Agar-Agar darunter mischen und die Masse dünn auf Backtrennpapier auftragen. Der Dörrvorgang sollte bei etwa 60–70 °C ablaufen; getrocknet wird der Birnengusto in kleine Rauten geschnitten.

Glarner Birnbrot

Hefeteig:
300 g Mehl
½ Tasse Milch
50 g Butter
1 Ei
15 g Hefe oder 1 Päckchen Trockenhefe
Salz

Füllung:
500 g getrocknete Birnen
100 g Zucker
250 g Trockenpflaumen, entsteint
100 g Feigen
100 g Rosinen
100 g Nüsse
50 g Zitronat und Orangeat
½ TL Zimt
1 Prise Nelkenpulver
1 Glas Williamsbirne oder Kirschwasser

Birnen, Pflaumen und Feigen einweichen, mit dem Zucker in wenig Wasser weich kochen. Über einem Sieb abtropfen lassen und dabei die Flüssigkeit auffangen. Die Früchte durch den Fleischwolf treiben oder mit dem Schneidstab des Handrührers zerkleinern und mit den übrigen Zutaten vermischen, sodass eine feste, aber nicht zu trockene Masse entsteht. Nach Bedarf etwas von dem abgetropften Saft zugeben.

Aus den anderen Zutaten einen Hefeteig herstellen und den gut gegangenen Teig dünn zu einem Rechteck auswellen. Mit dem restlichen Saft der Trockenfrüchte bestreichen. Die Füllung zu einem Laib geformt auf den Teig setzen und von allen Seiten sorgfältig einschlagen. Den wohlgeformten Laib mit dem Teigrand nach unten auf ein gefettetes Blech setzen, mit Eigelb bestreichen und mit einer Gabel regelmäßige Muster einstechen, die zugleich Zierde und Luftabzug sind. Bei mäßiger Hitze 1 knappe Stunde backen.

Stuttgarter Hutzelbrot

500 g gedörrte Birnen
500 g gedörrte Pflaumen
500 g Feigen
250 g Zitronat und Orangeat
250 g Mandeln, gemahlen
250 g Haselnüsse, gemahlen
250 g Haselnüsse, ganz
250 g Walnusshälften
250 g Sultaninen
250 g Korinthen
250 g brauner Zucker
50 g Zimt
½ TL Nelken und Kardamom
1 TL Salz
1 kg Mehl
3 Päckchen Trockenhefe oder 2 Würfel frische Hefe

Diese Zutaten ergeben etwa sechs Brote, die mehrere Wochen haltbar sind und nach einiger Lagerzeit überhaupt erst ihren vollen Geschmack bekommen.

Birnen und Pflaumen mindestens 12 Stunden einweichen, dann abtropfen lassen und das Einweichwasser auffangen. Die Früchte halbieren oder vierteln.

Mit etwa ¼ l angewärmtem Einweichwasser, Zucker, Mehl und Hefe einen Hefeteig ansetzen und gehen lassen. In der Zwischenzeit die Trockenfrüchte und Nüsse mit den Gewürzen vermischen und dann nach und nach den locker aufgegangenen Hefeteig unterkneten. Den Teig mit Mehl bestäuben und zugedeckt an einem warmen Platz gehen lassen, bis er Risse bekommt. Das kann einige Stunden dauern. Dann den Teig in 6 gleiche Teile teilen und Laibe formen. Diese müssen nochmals mehrere Stunden gehen – mit einem Tuch abgedeckt, damit sie nicht austrocknen. Dann werden sie bei 200 °C etwa 45 Minuten gebacken und noch warm mit dem Einweichwasser der Birnen bestrichen.

Pflaumen und Zwetschen

Gedörrte Pflaumen oder Zwetschen werden besonders gern im Herbst und Winter in der Küche verwendet. Viele traditionsreiche Rezepte und regionale Spezialitäten – von den englischen „Prunes“, die unbedingt zum englischen Frühstück gehören oder in anderen Gegenden als Backpflaumen zu Wildgerichten gegessen werden, bis hin zum bayerischen „Zwetschenmanderl“ – zeigen, dass sicher schon seit Jahrhunderten ein Teil der reichen Zwetschenernte im Herbst zu Backpflaumen verarbeitet wird.

Gekaufte Trockenpflaumen haben den entscheidenden Nachteil, unter anderem mit Schwefel behandelt zu sein. Allerdings sind die sogenannten Kurpflaumen besonders weich und saftig. Sie stammen meist aus Kalifornien, wo sie industriell angebaut und geerntet werden. Immerhin kommen etwa zwei Drittel der Weltproduktion an Zwetschen von der Westküste Amerikas.

Zum Dörren lässt man die Zwetschen in der Sonnenhitze am Baum möglichst so lange reifen, bis sie leicht schrumpelig sind. Spät-Zwetschen sind besonders geeignet. Nur makellose, reife Früchte sind zum Dörren geeignet; fleckige oder verwurmte Früchte werden aussortiert.

Das eigentliche Problem bei Zwetschen und ihren Verwandten, den Mirabellen und Renekloden, besteht im hohen Wassergehalt, der beim Trock-

Dörrpflaumen für zwischendurch.

nen Schwierigkeiten macht, wenn man die Früchte im Ganzen dörren will. Lufttrocknung kommt deshalb meist nicht in Frage, weil der Trockenvorgang zu lange dauert. Besser ist schnelles Vortrocknen im Backofen oder Dörren in einem elektrischen Dörrgerät. Erfolgt das Trocknen zu langsam, schimmeln die Früchte gerne, was sie natürlich für weiteren Genuss unbrauchbar macht. Bei richtiger Trocknung ist mit etwa 20 Stunden Dörrzeit zu rechnen; dabei schrumpelt die violette Frucht zu einer schwarzen, wohlschmeckenden Backpflaume (3 bis 4 kg Zwetschen ergeben etwa 1 kg Dörrobst).

Will man Pflaumen nicht im Ganzen trocknen oder verfügt man nicht über einen entsprechenden Trockenplatz bzw. ein geeignetes Gerät, dann werden die Früchte halbiert oder geviertelt. Man packt die Schnitze dann mit der Schnittfläche nach oben auf den Trockenrost und erhält nach etwa acht bis zehn Stunden Dörrpflaumenstückchen, die sich für viele der Rezepte ebenso eignen wie ganze Pflaumen.

Gefüllte Schweinerippe

1 kg Schweinerippe
200 g gemischtes Dörrobst, wie Pflaumen, Äpfel, Aprikosen
¼ l Rotwein
Salz, Pfeffer, Majoran
1 EL Zucker
25 g Butter
1 Becher Crème fraîche

In das Fleisch vom Metzger eine Tasche schneiden lassen. Das Dörrobst im Rotwein einweichen. Fleisch von innen würzen, mit dem Obst füllen und gut zustecken oder zunähen. Von außen würzen und im Bräter, mit dem Rippenteil nach unten, im Backofen braten. Dabei mit der zerlassenen Butter übergießen, den Zucker überstreuen und den vom Obst abgetropften Rotwein angießen. Nach dem Braten Bratfond lösen und mit Crème fraîche zu einer Sauce kochen, bei Bedarf nachwürzen.

Pflaumenspießchen

weiche Dörrpflaumen, entsteint
Frühstücksspeck, dünne Scheiben
Zahnstocher

Die Dörrpflaumen einzeln in die Speckscheiben wickeln und mit einem Zahnstocher feststecken. Die Röllchen in der Pfanne ausbraten, bis der Speck knusprig ist. Die Spieße schmecken gut zum Aperitif und sind mit Ackersalat auch als Vorspeise geeignet.

Himmelreich

200 g Dörrobst, gemischt
200 g Räucherspeck, mager
2 TL Speisestärke
Zucker, Salz, Zimt
etwas Zitronensaft

Das Dörrobst einige Zeit einweichen und dann erhitzen. Den Speck in etwa ¾ l Wasser gar kochen, das Dörrobst ohne Brühe dazugeben und fertig garen. Nun den Speck entfernen, in kleinere Würfel schneiden und in die Brühe legen. Die Speisestärke kalt anrühren, dazugeben und kurz aufkochen. Zuletzt würzt man nach Geschmack, träufelt etwas Zitronensaft darüber und richtet die Speise mit Kartoffelknödeln an.

Würziger Hackfleisch-Snack

500 g Hackfleisch
60 g Mandeln, gehackt
12 Dörrpflaumen
2 Zwiebeln
1 Ei
1 TL Paprikapaste nach Geschmack
2 TL Hackfleischwürze oder
1 gestr. TL Salz und etwas Pfeffer
60 g Paniermehl
12 Scheiben Frühstücksspeck
20 g Butter

Die Zwiebeln schälen und fein hacken, zusammen mit Hackfleisch, Ei, Gewürzen, Paniermehl und Mandeln zu einem Teig vermischen. Aus dem Teig kleine Bällchen mit je ½ Dörrpflaume in der Mitte formen, mit je ½ Speckscheibe umwickeln. Den Speck evtl. mit Zahnstochern feststecken. Die Bällchen in heißer Butter von allen Seiten knusprig braten.

Dörrpflaumen mit Blaukraut

2 Zitronen
120 g Dörrpflaumen
400 g Rotkohl
Fett
Herber Rotwein
Gewürznelken
Zitronensaft
Mehl
Salz
Zucker

Den Kohl waschen und den Strunk sowie die dicken Blattrippen entfernen, dann fein hobeln, das Fett hinzugeben, mit dem Rotwein beträufeln und auf kleiner Flamme zugedeckt dünsten.

Die Pflaumen mit etwas Wasser begießen, kochen und durch ein grobes Sieb passieren. Die Zitronen waschen, anbrühen, schälen, würfeln und entkernen.

Das Fett erhitzen, mit etwas Mehl anrühren, aber nicht bräunen lassen. Mit dem Kohl, den Pflaumen und den Zitronen sowie den Gewürzen vermischen, einige Minuten dünsten lassen und abschmecken.

Apfel-Pflaumenschnitze

500 g frische Pflaumen
2 Äpfel
1 TL Leinsamen (oder etwas Agar-Agar)
Honig oder entkernte Datteln

Pflaumen entsteinen, Äpfel schälen und das Kernhaus entfernen. Pflaumen und Äpfel im Mixer zu Mus zerkleinern. Leinsamen zum Andicken dazugeben. Mit Honig oder zerkleinerten Datteln süßen. Die Mischung etwa 0,5 cm dick auf eine Haushaltsfolie auftragen und trocknen. Nach dem Trocknen in längliche Streifen schneiden.

Apfel-Pflaumenschnitze sind eine ideale Wegzehrung für Wanderungen, schmecken gut, sättigen ohne zu belasten und sorgen für ausreichende Vitaminzufuhr.

Pflaumen-Nusskonfekt

500 g frische Pflaumen
50 g Walnüsse, fein geraspelt
100 g Korinthen
50 g Haselnüsse, grob gehackt
Anis
etwas Essig

Pflaumen und Korinthen zu Mus zermahlen, Walnüsse und Haselnüsse beimengen und mit etwas Anis und Essig abschmecken. Trocknen wie bei Apfel-Pflaumenschnitze.

Gefüllte Pflaumen oder Datteln

Pflaumen und Datteln
Walnüsse, Mandeln oder Cashewkerne nach Angebot

Pflaumen bei 50 °C vortrocknen, längs einschneiden, entsteinen und mit den Nüssen füllen. Datteln längs einschneiden, entkernen und ebenso nach Belieben füllen.

Anschließend wird dieses hervorragende Konfekt bei 60 °C fertig getrocknet. Dabei ziehen sich die Früchte fest um die eingeschlossenen Nüsse zusammen.

Heißes Pflaumenkompott

250 g Trockenpflaumen, entkernt und geviertelt
100 g Rosinen
100 g getrocknete Aprikosen
1 Prise Zimt
1 Schuss Sherry
1 EL Zitronensaft
¼ l Wasser

Alle Zutaten in einem Topf mischen und die Früchte einige Stunden weichen lassen.

Dann bei 180 °C im Backofen unter mehrmaligem Umrühren andicken lassen und heiß servieren.

Zwetschen-Heidelbeer-Nachtisch

250 g getrocknete Zwetschen, entkernt
100 g getrocknete Heidelbeeren
Kandiszucker, klein gehackt
Mandelsplitter
Sahne

Besonders köstlich und sehr beliebt ist dieses Konfekt mit Datteln und Walnüssen.

Zwetschen und Heidelbeeren in gut ½ l Wasser einige Stunden einweichen und das Einweichwasser abgießen. Dann im Backofen 30 Minuten erhitzen. Auskühlen lassen. Die Früchte mit Kandis und Mandelsplittern bestreuen und eine Sahnehaube aufsetzen.

Pflaumen in Rotwein

300 g Trockenpflaumen ohne Stein
½ l kräftiger Rotwein
3 EL Orangenmarmelade
3 EL Honig

Pflaumen in einem Einmachglas schichten. Sie sollten entsteint, aber ganz sein. Halbierte eignen sich nicht. Honig und Orangenmarmelade mit etwas Wein aufkochen, mit dem restlichen Wein vermischen und über die Pflaumen gießen. Jetzt das Glas verschließen und mindestens 2 Tage ziehen lassen. Die Pflaumen halten sich sehr lange und schmecken hervorragend zu Vanillepudding, Eis und auch zu Wild.

Pflaumenwein

Wein zu Hause herzustellen, ist einfacher als man denkt. Frische Pflaumen oder Zwetschen sind, ähnlich wie Aprikosen oder Pfirsiche, schwer zu entsaften, daher ist es günstig, von Trockenobst auszugehen, das beim Dörren zusätzlich Zucker gebildet hat. Um etwa 3–4 l weinähnliches Getränk zu erhalten, benötigt man folgende Zutaten:

4 kg getrocknete Pflaumen
4 l Wasser
1 kg Zucker
4 Tabletten Hefenährsalz
Milchsäure
Reinzuchthefe

Die getrockneten Pflaumenviertel werden entweder in heißes Wasser gegeben und einige Zeit stehen gelassen oder man verwendet Antigeliermittel als Zusatz zum Verflüssigen des Fruchtbreies, dann kann man auch kaltes Wasser benutzen. Umrühren und die Früchte zerdrücken. Dann den Saft samt den restlichen Zutaten in einen absolut sauberen Gärballon abfüllen und schwenken, bis der Zucker aufgelöst ist.

Anfangs den Behälter täglich vorsichtig schwenken, damit sich die Hefe gut verteilt und die Gärung richtig in Schwung kommt. Das Wasser für die Weinbereitung soll erstklassig sein (möglichst weich), dann wird auch der Wein erstklassig schmecken. Am besten benutzt man nur neue Korken, denn die sind wirklich dicht. Metallgefäße sollte man niemals verwenden, sondern am besten gläserne Behälter. Die Nährhefe arbeitet optimal bei 19–24 °C; eine möglichst konstante Temperatur ist unerlässlich. Je langsamer der Gärprozess abläuft, desto feiner wird der Wein; Geduld ist dabei also höchstes Gebot.

Nach etwa 2–4 Monaten ist die Gärung abgeschlossen und der Wein kann vorsichtig mit einem Schlauch abgezogen werden. Hat man vor, ihn länger zu lagern, empfiehlt sich der Haltbarkeit wegen die Zugabe einer Schwefeltablette.

Zwetschenkrampus hausgemacht

Lassen Sie zur Nikolauszeit den Beelzebub (Krampus in Österreich) mit Rosinen rasseln und beschenken Sie sich und Ihre Familie mit diesem köstlichen Zwetschenkrampus, wie er heute noch in vielen ländlichen Gegenden in Österreich üblich ist.

Der Bursche hat nur Vorteile: Er schreckt niemanden, lässt sich in wenigen Minuten herstellen und kann als guter Vitamin-C-Spender fast restlos verzehrt werden.

Für eine andere Variante des Zwetschenkrampus nimmt man 3 Feigen als Körper, dann wie gehabt Arme und Beine aus Dörrzwetschen und als Kopf eine Walnuss.

Menge pro Krampus:
6 Dörrzwetschen
1 roter Apfel
1 Dörrfeige
1 Walnuss
einige Rosinen und Haselnüsse
1 Faden
6 Zahnstocher
rotes Krepppapier oder Stoff
1 kleine Rute aus dünnen Zweigen

5 Zwetschen werden jeweils auf ein Zahnstocherende gespießt. Die 5 Spieße stecken Sie nun derart in den Apfel, dass 2 die Arme darstellen, 2 die Beine und einer den Schwanz. Damit bekommt der Apfel als Körper des Krampus die richtige Standfestigkeit, weil er nun auf 3 Beinen ruht. Den sechsten Zahnstocher bohren Sie mitten durch das stumpfe Ende einer Walnuss, genau an der weichen Stelle, wo die beiden Schalenhälften aneinander stoßen.

Dieser Nussspieß wird nun durch die Feige gebohrt, die sozusagen den Hals des Krampus bildet. Das Ganze, in den Apfel gesteckt, bildet nun den Kopf der Figur. Mit schwarzem Filzstift werden Augen und Nase auf die Nuss gezeichnet. Dann klebt man noch eine rote Papier- bzw. Stoffzunge an. Aus der sechsten Dörrzwetsche schneiden Sie 2 Hörner und kleben sie auf die Nuss. Mit einer feinen Nadel fädeln Sie nun abwechselnd Rosinen und Haselnüsse auf. Das wird die Kette des Teufels. Schließlich kann noch eine kleine Rute vorsichtig durch 1 Zwetschenhand gebohrt werden.

Aprikosen

Sie gehören zu den edelsten Früchten und werden gewerbsmäßig auf großen Obstanlagen in Südafrika, der Türkei und in Kalifornien, aber auch in Griechenland und Italien angebaut. Im Weinbauklima, an warmen, geschützten Plätzen wachsen Aprikosen auch in Hausgärten. Je nach Sorte weisen die ovalen bis runden Früchte eine feine Behaarung oder aber eine glatte Oberfläche auf. Auch die Größe variiert etwas.

Ähnlich wie Birnen vertragen reife Aprikosen häufiges Berühren nicht; nur allzu leicht bekommen sie Druckstellen und werden dann „matschig". Damit sind sie jedoch für das Dörren unbrauchbar geworden, denn zum Trocknen kommen nur reife Früchte in Betracht. Man trocknet sie halbiert, mit der Schnittstelle nach oben. Besser ist es allerdings, die Früchte zu vierteln; der Trockenvorgang läuft dann rascher ab.

Aprikosen werden zum Trocknen halbiert oder geviertelt.

Aprikosen-Aufstrich

40 g gedörrte Aprikosen
50 g fettreduzierter Frischkäse (17 % Fett)
40 g Sanddorn (Fruchtzubereitung ungesüßt, aus dem Reformhaus)
75 körniger Frischkäse
15 g Zucker

Die gedörrten Aprikosen in kleine Stücke schneiden, vorweichen lassen und dann den Frischkäse mit Sanddorn und körnigem Frischkäse verrühren. Die Aprikosenstückchen unterheben.

Den Aprikosen Aufstrich mit Zucker gut verrühren und in ein verschließbares Gefäß füllen, kalt stellen. Haltbarkeit: im Kühlschrank 3-4 Tage.

Mandelsplitter in Aprikosen

frische, reife Aprikosen
Mandeln, Puderzucker

Mandeln brühen und schälen, dann in Hälften schneiden. Aprikosen waschen, halbieren und den Kern entfernen. In jede Aprikosenhälfte wird eine halbe Mandel gespießt, dann werden die Hälften mit Puderzucker bestäubt und auf die Trockenrahmen mit Zwischenraum für die Belüftung angeordnet. Bei erhöhter Temperatur unter Zuhilfenahme eines Heizlüfters oder im

Den besonders fruchtigen Geschmack bekommt der Aprikosen-Aufstrich durch die Verwendung von kleingeschnittenen, gedörrten Aprikosen.

elektrischen Dörrapparat zügig trocknen. 10–12 Stunden darf man rechnen, bis die Fruchthälften noch biegsam, aber trocken sind.

Aprikosenchips

1½ kg reife Aprikosen, entkernt
500 g Äpfel
1 reife Banane
Koriander, Honig

Äpfel waschen, schälen, vierteln und mit der geschälten Banane und den entsteinten Aprikosen fein pürieren. Anschließend alles gut mit Koriander und Honig abschmecken. Dann die Masse etwa 1 cm dick auf Backtrennpapier oder Haushaltsfolie so auftragen, dass höchstens das halbe Trockensieb belegt ist. Nach dem Dörren, das etwa 8–12 Stunden in Anspruch nimmt, den Früchtekuchen vorsichtig von der Folie ablösen und in schmale, fingerbreite Chips schneiden. Der Geschmack ist so gut, dass vermutlich keinerlei Lagerprobleme auftreten werden.

Der Stamm der Hunza in Indien lebt beinahe den ganzen Winter über von getrockneten Aprikosen, weil sie ein Optimum an Vitaminen und wichtigen Nährstoffen enthalten. Sie werden dort halbiert in großen Halden auf den Hausdächern getrocknet.

Aprikosenkonfekt

250 g getrocknete Aprikosen
1 kleines Glas Barack Palinka (Aprikosenbranntwein) oder Slibowitz
200 g Rohmarzipan
etwa 15 Mandeln, geschält
Schokoladenglasur

Aprikosen mit dem Alkohol übergießen und darin einige Stunden ziehen lassen. Jede Mandel mit etwas Marzipan umhüllen und zwischen 2 Aprikosenhälften legen. Aprikosen gut zusammendrücken und zur Hälfte in warme Schokoladenglasur tauchen.

Fruchtkonfekt

200 g Marzipanrohmasse
50 g Dörrpflaumen
50 g getrocknete Aprikosen
50 g Orangeat
50 g Zitronat
50 g Feigen
150 g Puderzucker
2 EL Kirschwasser

Marzipanrohmasse mit Puderzucker verkneten. Das Dörrobst klein schneiden und mit dem Kirschwasser unter das Marzipan kneten. Aus der Masse Kugeln formen und etwas flach drücken.

Aprikosenwürfel

½ Tasse gehackte Dörraprikosen
50 g Rosinen
20 g Sesamsamen
1 EL Honig
2 EL Sonnenblumenöl
50 g brauner Zucker
70 g Haferflocken
50 g Roggenmehl
25 g Weizenmehl
½ Tasse Milch
1 TL Zitronensaft

Die trockenen Zutaten mischt man in einer Schüssel gut zusammen. Den Honig mit Öl in einer Pfanne bei schwacher Hitze schmelzen und dann auskühlen lassen.

Nun rührt man alles zusammen und fügt die Milch und den Zitronensaft hinzu. Die Masse wird gerührt, bis sie klebrig fest ist, und dann in eine gefettete Backform gegeben. Bei 150 °C bäckt man den Teig nun 30 Minuten, schneidet ihn dann in kleine Würfel und lässt diese auskühlen. Die Aufbewahrung erfolgt am besten in luftdichten Dosen.

Früchteleckerei

50 g getrocknete Aprikosen
50 g Apfelschnitze
30 g Rosinen
5 TL Stärkemehl
3 EL Honig
⅓ l Orangensaft

Zerkleinerte Aprikosen, Apfelschnitze und Rosinen mit dem Honig und etwas Wasser sorgfältig vermengen. Danach verrührt man das Stärkemehl mit dem Orangensaft und gießt die Flüssigkeit über die Früchte. Alles wird kräftig vermischt und in eine flache Backform gegossen. Anschließend bäckt man es bei 180 °C etwa 30 Minuten lang.

Aprikosensauce als Beigabe zu Fleisch

100 g getrocknete Aprikosen
3 Schalotten
Saft einer halben Zitrone
etwas Butter
1 EL Honig
1 Glas Portwein
Salz, Pfeffer

Aprikosen in Streifen schneiden und in Portwein einweichen. Schalotten schälen, klein schneiden und in Butter andünsten. Die Aprikosen mit der Flüssigkeit zugeben und etwa 10 Minuten dünsten. Dann die übrigen Zutaten zugeben und mit Salz und Pfeffer kräftig würzen. Bei fehlender Flüssigkeit mit Bratenfond oder Fleischextrakt und etwas Wasser auffüllen.

Die Sauce schmeckt gut zu allem kurz gebratenen Fleisch.

Aprikosenwein

1 kg Trockenaprikosen
1 kg Kristallzucker
4 l heißes Wasser
Weinhefe
1 Tablette Hefenährsalz

Das gedörrte Obst wird mit kochendem Wasser übergossen und 2 Tage lang stehengelassen. Alle paar Stunden rührt man kräftig um; danach gießt man alles in einen sauberen Gärballon. Nun fügt man Zucker, Weinhefe und die fein zerstoßene Tablette Nährsalz hinzu und schwenkt den Gärballon sorgfältig, damit sich die Zutaten richtig vermischen können.

Der Ballon wird an einem gleichmäßig warmen, dunklen Ort aufgestellt und der Gäraufsatz angebracht. Die ersten 4 Tage wird jeweils leicht geschwenkt, bis die Gärung richtig in Schwung kommt.

Nach etwa 4–6 Monaten ist die Gärung abgeschlossen. Nun wird der Wein geklärt, abgezogen und in Flaschen abgefüllt. Er soll nun nochmals 4 Monate an einem kühlen Ort lagern, bevor man ihn schließlich trinkt.

Fruchtsuppe

4 Dörraprikosen
4 Dörrpflaumen
2 EL Apfelschnitze
2 EL gehackte Nüsse nach Wahl
2 EL Korinthen
2 TL Honig
2 Gewürznelken
1 TL Speisestärke

Trockenfrüchte in 1½ Tassen Wasser einweichen, abtropfen lassen und klein schneiden. In einem Topf verrührt man die Früchte, die Nüsse und den Honig mit den Nelken und dem Einweichwasser, bringt alles kurz zum Kochen und lässt es dann köcheln, bis die Früchte weich sind.

Inzwischen rührt man die Speisestärke in etwas Wasser an und gibt sie in die Fruchtsuppe. Weiter umrühren, bis die Suppe dicker wird.
Heiß servieren.

Trockenfruchtkompott

1 l Wasser
1 Orange, unbehandelt
1 Zitrone, unbehandelt
1 Zimtstange
300 g Trockenobst (Mischung aus gedörrten Aprikosen, Apfelringen, Zwetschen usw.)

Dieses Kompott muss man bereits am Vorabend vorbereiten, damit die Früchte am nächsten Morgen richtig aufgequollen und saftig sind. An Trockenfrüchten kann man dazu heranziehen, was man gerade im Haus hat.

Man schneidet die Orange und die Zitrone in dünne Scheiben, kocht sie zusammen mit der Zimtstange mit dem Wasser auf und lässt alles 3 Minuten köcheln. Anschließend gießt man die Flüssigkeit durch ein Sieb über die Trockenfrüchte und lässt sie mehrere Stunden quellen.

Trockenfruchtkompott, andere Zubereitung

200 g getrocknete Früchte: Apfelschnitze, Aprikosen, Feigen, Zwetschen, Walnüsse oder andere Zutaten je nach Vorrat
4 EL Honig

Die Trockenfrüchte über Nacht in heißem Wasser quellen lassen. Am folgenden Tag gibt man sie in einen Topf und lässt die Früchte köcheln, bis sie weich sind.

Das fertige Kompott kann man dann heiß oder kalt mit etwas Honig übergossen servieren. Die Krönung ist eine kleine Sahnehaube obenauf.

Joghurt mit Trockenobst

280 g fettarmer Joghurt (1,5%)
4 TL Sanddorndicksaft
70 g getrocknete Mischfrüchte

Den fettarmen Joghurt auf 2 Gläser verteilen und mit je 2 Tl Sanddorndicksaft verrühren. Die gedörrten Mischfrüchte klein schneiden und dazu servieren.

Spießchen mit Dörrobst

200 g gemischte Trockenfrüchte
1 EL Zitronensaft
Butter

Das Trockenobst eine Stunde lang in Wasser quellen lassen und danach gut trocken tupfen. Auf Spießchen stecken, mit Zitronensaft beträufeln und während des leichten Angrillens mit Butter bestreichen. Die Spieße mehrmals wenden, damit sie gleichmäßig bräunen.

Saftgelee

6 EL Agar-Agar
3/8 l Fruchtsaft nach Wahl
2 EL Dörrfruchtschnitze nach Wahl und Vorrat, eingeweicht
6 TL Honig

Agar-Agar in 1/4 l Wasser verrühren und quellen lassen. Nun vorsichtig zum Kochen bringen und dabei umrühren, bis sich das Agar-Agar aufgelöst hat. Schließlich die eingeweichten Dörrfrüchte sowie den Fruchtsaft zufügen und mit dem Honig süßen.

Früchtebrot

200 g Honig
150 g Butter
4 Eier
je 125 g Rosinen oder Korinthen, Sultaninen, Walnusskerne, Haselnusskerne, Feigen, Aprikosen, Datteln, Pflaumen, Birnen, Kirschen, Kokosraspeln
250 g Mehl
1 Päckchen Backpulver
1/2 TL Salz
1/2 Tasse Rum

Die Trockenfrüchte klein schneiden und mit dem Rum übergießen. Honig erhitzen und mit der Butter verrühren und abkühlen lassen. Dann mit den Eiern schaumig rühren. Nüsse und Trockenfrüchte, Salz und das mit Backpulver vermischte Mehl dazugeben. Den Teig in eine mit Backpapier ausgelegte Form geben und bei 175 °C etwa 2 Stunden backen. Die Backzeit hängt von der Backform ab, d. h. in einer Kranzform ist der Kuchen schneller durchgebacken als in einer kompakten Kastenform.

Dörrobstschnittli

10–12 Brotscheiben (Vollkorntoast oder helles Vollkornbrot)
30 g Butter
2–3 EL Zucker
50 g Nüsse, grob gehackt
50 g Sultaninen
1 Msp. Birnbrotgewürze (Zimt oder Nelken)

Das beliebte Früchtebrot, der saftig-nussige Klassiker in der Vorweihnachtszeit, ist bei uns in den verschiedenen Regionen in geschmacklich abgewandelter Form als Stuttgarter Hutzelbrot, Pfannapitta und Kletzenbrot zu bekommen.

400 g Dörrobst, eingeweicht und durchpassiert
1 EL Zitronensaft
Nusskerne zum Garnieren

Die Brotscheiben in einer Pfanne in Butter rösten und im Zucker wenden. Nüsse, Sultaninen und Gewürze zu den passierten Früchten geben und zu einer streichfähigen Masse mischen, Zitronensaft beifügen. Die Masse auf die Brotscheiben verteilen. Mit verschiedenen Nusskernen hübsch ausgarnieren.

Pfannapitta – Domleschger Fruchtbrot

Hefeteig:
10 g Hefe
1 TL Zucker
2–3 dl lauwarmes Wasser
500 g Mehl
1 TL Salz
100 g Butter
200 g Zucker
1–2 Eier
500 g Dörrobst, einige Feigen
150 g Mandelsplitter
1 TL Anis

Die Hefe mit dem Zucker rühren, bis sie sich verflüssigt, etwas warmes Wasser (nicht über 37 °C) beigeben und an einem warmen Ort den Vorteig gehen lassen. Das Mehl mit dem Salz in eine Schüssel geben oder auf dem Teigbrett einen Kranz bilden. Den Vorteig sowie das restliche warme Wasser beigeben, den Teig verarbeiten, bis er zusammenhält. Nachdem man genügend geknetet hat, bilden sich im Anschnitt des Teiges Luftblasen. Den Teig wiederum gehenlassen. Die eingeweichten Dörrfrüchte fein schneiden und mit den restlichen Zutaten unter den Brotteig kneten. Masse in gefettete Spring- oder Kuchenform einfüllen und nochmals eine Zeit gehen lassen. Den Ofen vorheizen, bei guter Mittelhitze 1 Stunde backen.

Pfannapitta schmeckt nach einigen Tagen am besten.

Zimtring mit Dörrobst

300 g gemischtes Dörrobst
je nach Vorrat
200 g Mehl
15 g Hefe
¼ l lauwarme Milch
2 Eier, 1 Eigelb
2 EL Honig
50 g Butter
1 TL Zimt

Das Dörrobst 1 Stunde lang in ¾ l Wasser einweichen. Inzwischen Mehl in eine Schüssel geben und in die Mitte eine Mulde eindrücken, die Hefe hineinbröckeln und mit der Milch verrühren. Den Hefevorteig 20 Minuten zugedeckt an einem warmen Ort gehen lassen.

Eier, Eigelb, Honig und Butter mit Zimt zum Teig geben und alles glatt verrühren. Den Teig mit einer Schale abdecken und nochmals 30 Minuten gehen lassen.

Eine Kranzform einfetten und den Hefeteig hineinfüllen. Im vorgeheizten Backofen 30 Minuten bei 200 °C backen. Das Dörrobst mit dem Einweichwasser auf niedriger Flamme weich kochen und mit Honig süßen. Zum Zimtring servieren.

Pfirsiche

Wie die Aprikosen gedeihen Pfirsiche nur im Weinbauklima, und nur wer selbst die besonders aromatischen, weißfleischigen Weinbergpfirsiche im Garten ernten kann, wird sie, wenn die Ernte reichlich ist, trocknen wollen.

Zum Trocknen dieser Frucht empfiehlt es sich, möglichst kleine Stückchen, Scheiben oder höchstens Achtel vorzubereiten. Nach dem Waschen kann man die reifen, relativ festen Früchte mit einem Tuch abreiben und so die Härchen entfernen. Dies ist aber nicht unbedingt notwendig, da sie am getrockneten Fruchtfleisch später kaum stören. Für 1 kg Dörrpfirsiche sind etwa 4–5 kg frische Früchte nötig. Beim Dörren ist ferner zu beachten, dass besonders schnell und bei erhöhter Temperatur vorgetrocknet wird, damit Fäulnisbakterien keine Chance erhalten. Ähnlich wie bei der Aprikose ist der Pfirsich dann lagerhaltig, wenn die Fruchtschnitze gummiartig, d. h. biegsam geworden sind. Bei geviertelten Früchten muss man in einem elektrischen Dörrgerät mit Dörrzeiten von etwa 10–12 Stunden rechnen.

Pfirsichstängli

1 Tasse Walnüsse, zerkleinert
1 EL Mandelsplitter
150 g gedörrte Pfirsiche, gehackt
½ Tasse Honig
etwas Vanille
etwas heißes Wasser

Honig und Wasser mischen und die Nüsse, Mandelsplitter und gehackten Dörrpfirsiche einrühren, bis die Mischung andickt. Etwas Vanille dazugeben. Danach ca. 1,5 cm dick auf eine Folie auftragen und vorsichtig verteilen, denn diese Mischung wird leicht bröselig. Mit einem angefetteten Messer in dem Pfirsich-Nussteil schmale Rechtecke, ca. 2 × 10 cm (Stängli), markieren. Fertig dörren lassen.

Sobald die Stängli angetrocknet sind, die Folie entfernen, die Fruchtmischung wenden und weiterdörren, bis sie knackig lederartig fest ist. An den vorgeschnittenen Linien brechen und fertig trocknen. Sehr gut schmecken die Stängli, wenn man sie vor dem Servieren mit etwas Zimt oder auch Kakaopulver bestreut.

Pfirsichscheiben

1 kg reife Pfirsiche
Zimt oder Kakaopulver

Pfirsiche halbieren, Kern entfernen. Dann Scheibchen von etwa 1 cm Dicke schneiden und auf den Trockenrost legen. Die Scheibchen leicht mit Zimt oder Kakaopulver bestreuen. Während des Dörrvorgangs kleben die Pfirsiche wegen des Schrumpfungsvorganges am Gitter des Dörrapparates fest, lassen sich jedoch nach dem Trocknen leicht ablösen.

Pfirsich-Jogu

40 g getrocknete Pfirsichschnitze
1 Natur-Joghurt
1 EL Honig

Die Pfirsichschnitze 8 Stunden in wenig Wasser einweichen. Danach mit dem Mixer zerkleinern, den Honig und den Joghurt daranrühren und kaltstellen. Im Sommer ein sehr erfrischendes Getränk.

Pfirsiche mit ihrem hohen Wasseranteil lassen sich am besten in dünne Scheiben geschnitten trocknen. Ein elektrisches Dörrgerät ist hier besonders nützlich.

Kirschen

Bei der Vorbereitung der Früchte achtet man darauf, dass das Fruchtfleisch fest ist, und sondert von Vögeln angepickte oder aufgeplatzte Kirschen aus. Da Kirschen auf mechanische Beschädigung und Hitze empfindlich reagieren, ist man gezwungen, die Kirschen unmittelbar nach der Ernte weiterzuverarbeiten.

Am einfachsten trocknet man die Kirschen so wie sie sind: Im Ganzen; besser ist es, vorher den Kern herauszudrücken und die Kirschen anschließend mit der Schale nach unten zu dörren.

In Lucas‘ Anleitung zum Obstdörren heißt es: „Steinobst wird jederzeit zuerst langsam gedörrt; dasselbe muss entweder vor dem eigentlichen Dörren in der Luft abtrocknen und etwas welk werden oder wird zunächst bei stetem Dampfabzug und mäßiger Hitze so lange gedörrt, bis die Schale der Frucht runzlig wird; sind die Früchte bald ganz getrocknet, so bringt man dieselben in die heißen Schubladen und hemmt den Luftzug etwas, sodass die Früchte nun vollkommen dörren. Hier gehen die Früchte wieder auf und erhalten in dieser hohen, feuchten Wärme einen herrlichen Glanz, der ihnen bleibt, wenn sie recht heiß herausgenommen und an der Luft zum Abkühlen stehen gelassen werden.“

Trockenkirschen lassen sich zwischendurch essen oder ähnlich wie Rosinen für Kuchen und Torten verwenden. Außerdem kann man sie zur Herstellung von Punsch heranziehen.

Kirschriegel

2 Eier
4 EL Honig
2 EL Sojamehl
100 g Weizenmehl
1 TL Backpulver
1 TL Vanillezucker
1 Msp. Salz
100 g Walnüsse, klein gehackt
200 g Kirschschnitze, zerkleinert

Eier schaumig schlagen und den Honig darunterrühren. Das Mehl, Backpulver, Vanille und Salz dazugeben und die Masse gut verrühren. Zuletzt folgen die Walnüsse und die Dörrkirschen. Nun füllt man die Teigmasse in eine vorgefettete und bemehlte längliche Backform. Man bäckt im vorgeheizten Backofen bei 180 °C etwa 25–30 Minuten, bis der Teig durch ist.

Aus dem ausgekühlten Gebäck schneidet man dann Riegel von 3–5 cm Länge, die man in Kristall- oder Puderzucker wälzt.

Heidelbeeren

Die gut ausgereiften, aber festen Beeren werden sauber verlesen. Die Früchte lassen sich schön locker auf dem Dörrgitter verteilt trocknen. Man kann aber auch aus zerdrückten Beeren mit Apfelbrei und Honig hervorragende Obstleder herstellen, die man in gewohnter Weise auf Plastikfolie oder Backpapier aufgetragen trocknen lässt. Anschließend schneidet man das Obstleder in fingerbreite Riegel. Getrocknete Heidelbeeren sind auch bestens als Kuchenbelag geeignet.

Heidelbeeren werden hier im elektrischen Dörrgerät getrocknet. Sie lassen sich vielseitig verwenden.

Die Siebe werden flach und nicht zu dicht mit den Heidelbeeren belegt.

Heidelbeersuppe

getrocknete Heidelbeeren
1 Schuss Wein
Zucker, Zimt, Nelken

Die Heidelbeeren kocht man in Wasser kurz weich, fügt einen Schuss Wein zu, schmeckt mit Zucker und Zimt ab und lässt die Suppe mit ein paar Nelken kurz aufwallen.

Heiße Heidelbeeren

getrocknete Heidelbeeren
Sahne, geschlagen
Kochschokolade, geschmolzen
Walnusshälften

Die Heidelbeeren in wenig Wasser einweichen und etwa 6 Stunden stehen lassen. Überschüssiges Wasser abgießen, die Beeren in Schalen verteilen. Die heiße Schokolade darüber gießen, die Sahnehaube aufsetzen und oben drauf eine Walnusshälfte setzen.

Cranberrys

Cranberry-Maisbrot

1 Tasse weißes Mehl
1 gute Tasse Maismehl
1 EL Backpulver
½ TL Salz
½ Tasse getrocknete Cranberrys (eventuell Berberitzen als Ersatz)
2 große Eier
5 EL Honig
1 Tasse Sojamilch oder fettarme Milch
2 EL Sonnenblumenöl
etwas Butter

Den Backofen auf 230 °C vorheizen und eine rechteckige Backform mit Butter einfetten.

In einer Schüssel Mehl, Maismehl, Backpulver und Salz gut verrühren. Die etwas vorgeweichten Cranberrys (oder Berberitzen) einrühren und beiseite stellen. In einer zweiten Schüssel Eier, Milch, Honig und Öl verquirlen. Dann zum Inhalt der ersten Schüssel geben und gut vermischen. Den entstandenen Teig in die vorbereitete Backform geben und bei 180 °C herausbacken, bis die obere Kruste leicht angebräunt ist. Mit einem Zahnstocher nach etwa 20 Minuten testen, ob der Teig schon durch ist.
Berberitze: Die Blätter enthalten ätherische Öle, die Beere ist ein ausgezeichneter Vitamin-C-Spender, außerdem wirkt sie harntreibend, appetit- und kreislaufanregend.

Berberitzen schmecken säuerlich und können getrocknet wie Rosinen gegessen werden – pur oder im Müsli!

Johannisbeeren, Brombeeren, Himbeeren

Wenn man Johannisbeeren, Brombeeren oder Himbeeren für sich allein trocknet, wird man meist über das Ergebnis ein wenig enttäuscht sein, da von den kleinen Früchten außer Kernen wenig übrig bleibt und der Genuss der vertrockneten Beeren nicht gerade aufregend ist. Am besten lassen sich die getrockneten Beeren zu Pulver vermahlen und dann gemeinsam mit anderen Früchten zu Obstleder und Mischungen verarbeiten und können dort besondere Geschmacksakzente setzen.

Brombeerkonfekt

1 Tasse Sesamsamen
1 Tasse Sonnenblumenkerne ohne Schalen
½ Tasse Brombeerpulver
4 EL Honig
½ Tasse Wasser
1 TL Vanille
Haselnüsse, fein gehackt

Wasser mit Honig und Vanille gut verrühren, dann Sesamsamen und Sonnenblumenkerne und das Brombeerpulver einrühren. Schließlich soviel gehackte Haselnüsse beimengen, bis die Masse ein dicker Brei wird. Nun trägt man alles auf Backtrennpapier etwa 1 cm dick auf und trocknet bei 50 °C.

Brombeerpulver stellt man her, indem man die gut getrockneten Beeren im Mörser sorgfältig zerstößt und zerreibt.

Brombeer-Fruchtkekse

3 frische Äpfel
500 g reife Brombeeren
50–100 g Datteln
100 g Walnüsse
2 EL Honig

Äpfel im Mixer zerkleinern, dann die Brombeeren dazugeben und alles zu Mus verrühren. Die Datteln entkernen und so darunter mischen, dass diese Früchte noch in kleinen Stückchen vorhanden sind.

Zur Geschmacksabrundung die gehackten Walnüsse und den Honig darangeben. Die Masse auf Folie oder Backtrennpapier etwa 1 cm dick auftragen und zügig trocknen. Anschließend in Streifchen schneiden.

Statt Brombeeren kann man auch Himbeeren verwenden.

Teekuchen mit Brombeeren

200 g Mehl
25 g Margarine
1 Tasse warmes Wasser
1 TL Honig
10 g Hefe
etwas Zimt
etwas Muskatnuss
50 g getrocknete Brombeeren
50 g getrocknete Aprikosen
Milch für die Glasur

Zuerst fettet man eine kleine Brotform sparsam ein; danach mischt man die Gewürze unters Mehl und mengt die Margarine darunter. Anschließend vermischt man Wasser, Honig und die Hefe, rührt gut um und gießt alles über das Mehl. Nun formt man einen weichen Teig, den man auf einem bemehlten Brett gut 5 Minuten knetet. Danach lässt man ihn zugedeckt 10 Minuten stehen.

Inzwischen heizt man den Backofen auf 200 °C vor, legt die Brombeeren und Aprikosen in eine kleine Schüssel und übergießt sie mit kochendem Wasser. Nach 10 Minuten Quellzeit im warmen Backofen kann man die Früchte abgießen und in die Mitte des Teiges legen und fest einarbeiten. Man formt einen Laib und legt ihn in die Brotform; dort lässt man ihn 20 Minuten gehen.

Zuletzt wird der Laib mit warmer Milch bestrichen und 25 Minuten gebacken.

Johannisbeerkonfekt

$\frac{1}{3}$ Tasse Honig
$\frac{1}{3}$ Tasse Wasser
$\frac{1}{4}$ Tasse Sonnenblumenkerne, gemahlen
1 Tasse Sesamsamen
2 TL Vanillezucker
$\frac{1}{2}$ Tasse Johannisbeerpulver
gehackte Walnüsse nach Geschmack

Honig, Wasser und Vanillezucker gut vermischen, dann das Johannisbeerpulver (aus selbst gedörrten Johannisbeeren) beigeben. Gut verrühren, ein wenig ziehen lassen.

Nun Sonnenblumenkerne und Sesamsamen unterrühren und soviel von den Walnüssen einmengen, wie die Mischung verträgt. Je feiner die Konsistenz ist, desto besser und cremiger schmeckt das Naturkonfekt nachher. Die Masse etwa 1 cm dick gleichmäßig auf Backtrennpapier auftragen und so lange dörren, bis sie gut zusammenhält. Zuletzt in Quadrate oder Rauten schneiden. Der Trockenvorgang wird sicher 2 Tage dauern, dafür bekommt man danach die Belohnung – schön weiches, herrlich erfrischend schmeckendes Konfekt!

Stachelbeeren

Der Großherzoglich Badische Geheime Hofrat Professor Dr. med. Dr. phil. h. c. Johann Heinrich Jung, genannt Jung-Stilling, meinte zu diesen Früchten im 18. Jh.: „Die Stachelbeeren oder Kruscheln wachsen auf einen dornigten Strauch, man hat rothe und weisse, sie werden nur roh gegessen, und man kan sonst wenig mit ihnen anfangen. Von den Limonien, Orangen, Citronen, Pomeranzen, Feigen und Granatbäumen mag ich euch nichts sagen, das sind Sachen die nur in vornehme Gärten gehören, und für den Bauern sich nicht schicken."
Dass man mit Stachelbeeren nur wenig anfangen kann, stimmt natürlich so nicht, aber es ist wahr, dass diese Früchte – verglichen mit anderem Obst – relativ selten anzutreffen sind. Diese Außenseiter lassen sich gut trocknen, benötigen aber wie die meisten Beeren eine lange Trockenzeit und um ein solides Trockenergebnis zu bekommen, müssen die Beeren oft gewendet werden. Vor dem Trocknen kurz in heißes Wasser tauchen. Der säuerliche Geschmack der Stachelbeere kommt hauptsächlich von vier verschiedenen Säuren: Oxalsäure, Wein- und Apfelsäure und Zitronensäure. Positiv ist der Ballaststoffanteil der harten Schale und der kleinen Kerne zu bewerten. 100 g dieser Früchte enthalten 20–70 mg Vitamin C.

Stachelbeeren sind sehr Vitamin-C-haltig.

Buttermilchplätzchen mit gedörrten Stachelbeeren

400 g Weizenmehl
50 g Zucker
3 TL Backpulver, davon ½ TL Soda
½ TL Salz
150 g kalte Margarine, in Stücken
¾ Tasse gedörrte Stachelbeeren
1 TL abgeriebene Orangenschale
¼ l Buttermilch

Glasur:
1 EL Sahne
¼ TL gemahlener Zimt
3 EL Zucker

In einer großen Schüssel Mehl, Zucker, Backpulver und Salz mischen. Margarine zufügen und mit dem elektrischen Handrührer bzw. Mixer verkneten, bis sich alle Zutaten verbinden. Buttermilch dazugießen und alles gut vermengen. Stachelbeeren und Orangenschale daran geben.

Für die Glasur in einer kleinen Schüssel Sahne, Zimt und Zucker mischen. Beiseite stellen.

Den Teig zu einer Kugel formen und in 2 Hälften aufteilen. Auf einer leicht mit Mehl bestäubten Arbeitsplatte in 2 etwa 1–2 cm dicke Scheiben ausrollen. Jede Scheibe in 8 keilförmige Stücke schneiden. Die Plätzchen auf einem leicht eingefetteten Backblech 12–15 Minuten bei 200 °C backen, bzw. bis sie hellbraun sind. Aus dem Ofen nehmen und mit der Glasur bestreichen.

Erdbeeren

Die Erdbeere enthält sehr viel Vitamin C und blutbildende Mineralstoffe; leider auch einen hohen Wasseranteil, der einem beim Dörren zu schaffen macht. Überhaupt muss man feststellen, dass die Erdbeere keine wirklich geeignete Frucht für selbständiges Trocknen ist: Sie schrumpft dabei zu sehr, verfärbt sich leicht bräunlich und auch der frische, charakteristische Geschmack leidet. Vielmehr wird man sie (wie alle Beerenarten) für Mischungen heranziehen, um dabei eine Geschmacksabrundung zu erzielen. Dörrt man Erdbeeren halbiert, so muss man mit Trockenzeiten von etwa 10 Stunden im elektrischen Dörrapparat rechnen; sie sind dann biegsam und lagerfähig.

Erdbeerleder

feste Erdbeeren
1 Apfel, fein zerkleinert
etwas Agar-Agar

Feste Erdbeeren zu Brei mixen, einen fein zerkleinerten Apfel darangeben und etwas Agar-Agar, um die Konsistenz fester werden zu lassen. Mit dieser Meeresalge ist sparsam umzugehen, sonst bekommt man die Masse nach dem Dörren nicht mehr von der Folie.

Die Masse wird 1 cm dick auf Backtrennpapier aufgetragen, rasch bei etwa 70 °C getrocknet, abgelöst und in kleine Quadrate geschnitten.

Im Mund entwickelt sich beim Kauen nach kurzer Zeit der charakteristische, intensive Geschmack reifer Erdbeeren.

Holunder

Die vollreifen Beeren enthalten sehr viel Flüssigkeit und färben stark dunkelrot. In der Industrie macht man von dieser intensiven Farbe beim Verschneiden von Obstsäften Gebrauch. Zu Hause kann man die getrockneten Holunderbeeren als vorzügliches Naturmittel gegen Durchfall verwenden.

Der Vitamingehalt des Holunders ist sehr groß (besonders B-Komplex).

Beim Trocknen ist mit Holunderbeeren ebenso zu verfahren wie mit Heidelbeeren; im Übrigen gilt das unter dem Abschnitt Brombeeren und Himbeeren Gesagte auch für diese Frucht.

Auch die Holunderblüten lassen sich gut trocknen (wie Kräuter). Sie ergeben einen heilkräftigen Tee.

Holundertee (Fliedertee)

hat eine blutreinigende, harn- und schweißtreibende Wirkung. Am besten übergießt man dazu die getrockneten Blüten mit kochendem Wasser und lässt den Tee anschließend 10 Minuten ziehen. Mit Honig gesüßt und heiß getrunken, bewährt sich dieser Tee auch bei Erkältungskrankheiten.

Die Holunderdolden werden ganz auf die Trockensiebe gelegt. Die trockenen Beeren lassen sich dann einfach abstreifen.

Hagebutten

Die Hagebutte ist eine seit altersher geschätzte Wildfrucht und enthält außerordentlich viel Vitamin C, ferner Karotin und verschiedene Säuren. Geschätzt wird sie als Heilmittel besonders bei Nierenerkrankungen und Darmkatarrhen.

Die Früchte reifen im Herbst und lassen sich anlässlich eines Spazierganges bequem sammeln. Am besten erntet man sie, wenn sie hartreif sind. Zu weiche Früchte lassen sich nicht gut trocknen, sondern sind besser zu Marmelade oder Saft zu verarbeiten.

Vor dem Dörren schneidet man die gesäuberten Hagebutten in Hälften, entfernt die Kerne mit ihren störenden Härchen und legt die Fruchthälften mit der Schnittfläche nach oben aufs Dörrsieb.

Hagebuttentee

4 EL getrocknete Hagebutten
1 TL Zitronensaft
Honig nach Geschmack

Hagebutten in 1 l kaltem Wasser über Nacht weichen lassen, dann 10 Minuten kochen, Zitronensaft beigeben und mit Honig abschmecken.

Winterheißgetränk

½ l Hagebuttentee wie oben
4 EL Rotwein
Stangenzimt nach Geschmack
3 EL Zucker

Hagebuttentee zubereiten, Rotwein darangeben und Zucker und Zitronensaft einrühren. Kurz aufkochen und mit Stangenzimt würzen. Heiß servieren.

Bananen

Zum Dörren eignen sich nur vollreife Bananen, bei denen der Reifeprozess möglichst viel Stärke zu Zucker hat werden lassen. Die Banane eignet sich gut für Mischungen mit anderen Früchten, dem sogenannten Obstleder. Sie lässt sich aber auch einfach in schräge Scheibchen geschnitten trocknen. Nach 6–8 Stunden sind die Bananenstückchen ausreichend trocken und enthalten nur noch etwa 20 % Wasser.

Bananen werden als Scheibchen oder längs geschnitten gedörrt. Sie verfärben sich etwas und werden, je nach Reifegrad, leicht „glasig“.

Will man die Frucht als Ganzes trocknen, so hat dies wegen des Volumens unter erhöhter Temperatur abzulaufen. Mit dem fortschreitenden Wasserverlust beim Dörren verändert sich die Farbe der Bananenstückchen zu einem Mittelbraun. Dies hängt aber sehr vom Reifegrad der frischen Frucht ab. Feste, gerade erst als reif zu bezeichnende Früchte verfärben sich in der Regel weniger als leicht überreife Früchte.

Bananenbrot

300 g getrocknete Bananen
4 EL Honig
2 EL Öl
3 Eier
2 TL Vanillezucker
1/8 l Milch
1 Msp. Koriander
Salz
2 EL Sojamehl
375 g Mehl
1 Päckchen Backpulver

Die Bananenschnitze werden einige Stunden in etwas Wasser eingeweicht. Dann fügt man nach und nach die anderen Zutaten hinzu und verarbeitet alles zu einem gleichmäßigen Teig. Dieser wird in eine gefettete und mit Mehl bestäubte Backform gefüllt und im Backofen bei 180 °C etwa 1 Stunde gebacken.

Nach dem Auskühlen warm oder kalt servieren.

Bratchips

Bananen schräg in großflächige Scheibchen schneiden, dann dörren, bis sie schrumpfen. Sie sollen aber noch schön weich und biegsam bleiben. Die getrockneten Scheiben in heißem Oliven- oder Sonnenblumenöl anbraten.

Orangen- und Zitronenschalen

Orangen- und Zitronenschalen sind nur verwertbar, wenn die Früchte unbehandelt sind. Zitronen sind meist gekennzeichnet, bei Orangen muss man beim Einkauf eigens danach fragen. Sie sind nicht überall und zu jeder Jahreszeit erhältlich.

Die Früchte werden dünn geschält, das Weiße möglichst entfernt. Je nach Verwendungszweck kann man die Schalen in größeren Stückchen, in Spiralen oder klein geschnitten dörren. Sie eignen sich zum Würzen von Gebäck und Süßspeisen, zur Beimischung zu Obstleder und zu Konfekt.

Orangenschalen mit Honig

2 Tassen getrocknete Orangenschalen
2 Tassen Wasser
5 EL Honig

Unbedingt Schalen von ungespritzten, biologisch angebauten Orangen verwenden; die Konservierungsstoffe sind nämlich giftig. Die gedörrten Schalen in einem Gemisch von Honig und Wasser quellen lassen, bis die Schalen weich sind und der Sirup aufgesaugt ist.

Anschließend kühlen und verzehren; der süße, exotische Geschmack ist köstlich.

Getrocknete Zitrusfrüchte sind dekorativ und werden daher oftmals für Potpourri verwendet.

Punschgewürz

2 TL Nelken, ganz
1 TL Kardamom
1 TL Zimt oder 1 1/2 Zimtstangen zerbröckelt
2 TL Ingwer, gemahlen oder getrocknet
2 EL Orangenschale (ungespritzt), getrocknet
2 TL Zitronenschale (ungespritzt), getrocknet

Alle Zutaten gut durchmischen. 1 Liter Weiß- oder Rotwein erhitzen, nicht kochen lassen und das Punschgewürz zugeben, 15 Min. ziehen lassen, filtern und erneut erhitzen, dann heiß servieren.

Alkoholfreie Variante:
1 Liter Apfel- oder Kirschsaft erhitzen, nicht kochen lassen und das Gewürz daran geben, 15 Min. ziehen lassen, filtern und erneut erhitzen, dann heiß servieren.

Fruchtpulver

Mit diesem selbst gemachten Fruchtpulver verleihen Sie Ihren Lieblingsbackrezepten in Zukunft den absoluten Pfiff. Trocknen Sie dafür verschiedene Fruchtsorten, die Sie gerade bekommen können, so richtig knackig und hart. Danach zermahlen Sie diese in einem Mixer zu richtig feinem Pulver und bewahren dieses luftdicht verschlossen auf.

In den Backrezepten ersetzen Sie dabei eine angegebene Tasse Mehl mit einer guten halben Tasse Fruchtpulver. Ansonsten halten Sie sich an das jeweilige Grundrezept. Das Fruchtpulver sorgt nicht nur für wertvolle Nährstoffe in Ihren Kuchen und Plätzchen, sondern in erster Linie für einen köstlichen Esprit an Geschmack.

Hier noch ein paar weitere Ideen dazu:

½ Tasse Fruchtpulver in Wasser oder Milch eingerührt, ein paar Eiswürfel dazu und man hat einen aufregenden, erfrischenden Frucht- oder Milchshake,

1 TL Fruchtpulver in den einfachen, weißen Joghurt einrühren schmeckt einmalig oder

1 TL Fruchtpulver zusammen mit ein bisschen Sahne an das Hafermüsli und Ihre Kinder werden jubeln. Dieses Fruchtpulver kann man auch für Pfannkuchen, als Bereicherung für die morgendlichen Cornflakes oder als raffinierten Kick in den selbst gebackenen Kuchen und Keksen verwenden. Probieren Sie es aus.

Feigen

Rund ums Mittelmeer findet man heute beinahe überall die Feige als eine der ältesten Nutzpflanzen des Menschen. Feigen haben nur wenig Kalorien, dafür aber einen umso höheren Magnesiumanteil. Außerdem regulieren sie die Verdauung problemlos, denn ihre unzähligen kleinen Kerne wirken als guter Ballaststoff, weil sie im Darm stark aufquellen. Und – sie sind ein extrem basisches Lebensmittel! Wir kaufen sie zur Verwendung schon getrocknet im Handel.

Feigenschnitten

Teig:
250 g Mehl
125 g Butter
75 g Zucker
1 Eigelb

Füllung:
200 g Feigen
$^1/_8$ l Wasser
3–4 EL Honig
Saft von $^1/_2$ Zitrone

Aus den Zutaten für den Teig einen Mürbteig bereiten und 1 Stunde kühl stellen.

Die Feigen sehr fein hacken oder durch den Fleischwolf drehen, mit Honig, Zitronensaft und Wasser zu einer geschmeidigen Masse kochen und abkühlen lassen.

Den Teig ausrollen, etwa 10 cm breite Streifen schneiden, mit der Feigenpaste belegen und zu einer Rolle formen. Mit der Teigkante nach unten legen, in 3 cm lange Stücke schneiden und auf einem Blech etwa 20 Minuten backen. Mit Zuckerguss aus Puderzucker und etwas Zitronensaft glasieren und nach Belieben mit bunten Trockenfrüchten verzieren.

Diese Schnitten lassen sich auch mit anderem Dörrobst zubereiten und geschmacklich variieren.

Feigensüßspeise

200 g Trockenfeigen
4 EL Sherry
50 g Mehl
50 g Fett
50 g geröstete Semmelbrösel
1 TL Zimt
1 geschlagenes Ei
50 g brauner Zucker
geriebene Schale und Saft einer Zitrone, ungespritzt
etwas Butter

Die Feigen fein schneiden und 3 Stunden im Sherry weichen lassen. Dann das Mehl, die Brösel, das Fett und den Zimt in einer Schüssel gut verrühren und anschließend die Feigen darunter mischen. Den Teig gut durchkneten und den Zucker mit der geriebenen Zitronenschale beifügen.

Zuletzt den Sherry, den Zitronensaft und das Ei darangeben und die Masse nochmals gut durchkneten. Anschließend in eine gefettete Backform geben und mit einer gebutterten Folie zudecken.

Etwa 2 Stunden im Backofen backen und mit Karamellsauce servieren.

Feigenmarmelade

500 g getrocknete Feigen
4 Tassen Wasser
2 EL gehackte Walnüsse

Bei getrockneten Feigen steigt der Zuckergehalt auf 60 Prozent an, für die Herstellung von Feigenmarmelade wird daher kein zusätzlicher Zucker benötigt.

Die Feigen waschen, die Stielenden abschneiden und die Früchte zerkleinern. Die zerkleinerten Früchte im Wasser eingeweicht über Nacht stehen lassen und dann unter Rühren kochen, bis die Flüssigkeit verdampft ist. Zuletzt die Walnüsse hinzufügen und den dicken Brei in kleine Gläser abfüllen, die zur Aufbewahrung kühl gelagert werden müssen.

Feigensalat

300 g Dörrfeigen
2 Blutorangen
10 EL Orangensaft
3 EL Honig
1 TL abgeriebene Orangenschale
3 EL fein gehackte Haselnüsse

Die gewaschenen Feigen in Scheiben schneiden, die Orangen abschälen, entkernen und in Stückchen schneiden. Saft, Honig und Haselnüsse daruntermischen und alles vorsichtig vermischen. Zuletzt die abgeriebenen Orangenschalen darüberstreuen.

Der Feigensalat schmeckt am besten gekühlt.

Datteln

Auf meinen vielen Reisen in arabischen Ländern haben mir Einheimische immer wieder gesagt: "You can live on dates man!" Du kannst allein auf der Basis von Datteln überleben. Nun, so extrem einseitig wollen wir unseren Küchenzettel doch nicht ausrichten, aber Tatsache bleibt: 3 Datteln pro Tag und Sie stärken Ihr Immunsystem, senken Ihr Schlaganfallrisiko, lindern Ihre Allergien und schlafen viel besser ein. Und außerdem schmecken sie auch noch gut!

Dattelwaffeln mit Sesam

2 Tassen Datteln
1 Tasse Sesam
6 EL Honig
etwas gemahlener Zimt

Die Datteln entsteinen und klein hacken. Dann mit gemahlenem Sesam und Honig gut verrühren. Schließlich kommt nach Geschmack noch etwas Zimt hinzu.

Der Teig wird entweder auf Backtrennpapier oder Folie aufgetragen und nach dem Trocknen geschnitten, oder man formt gleich kleine Waffeln oder Plätzchen, die auf den Sieben dann rascher trocknen.

Dattelkuchen

375 g entsteinte Datteln
100 g Butter
200 g Zucker
3 Eier
375 g Mehl
1 TL Backpulver

Datteln mit einer Tasse kochendem Wasser übergießen und zugedeckt ziehen lassen. Butter, Zucker und Eier schaumig rühren. Mehl und Backpulver darüber sieben und die Datteln untermischen. In einer Kastenform im vorgeheizten Backofen bei Mittelhitze 45–60 Minuten backen.

Dattelmakronen

250 g Mandeln
250 g Datteln ohne Stein
3 Eiweiß
200 g Puderzucker
Backoblaten

Mandeln abziehen und in Stifte schneiden, Datteln der Länge nach in Streifen schneiden (das geht am besten mit der Küchenschere). Eiweiß mit einem Teil des Zuckers zu steifem Schnee schlagen, restlichen Zucker vorsichtig unterrühren und zuletzt Mandeln und Datteln unterheben. Mit einem Löffel Häufchen auf Backoblaten oder auf Backpapier setzen und bei schwacher Hitze mehr trocknen als backen.

Diese Makronen schmecken auch besonders gut mit Aprikosen statt mit Datteln.

Ananas

Die Ananas unterhalb der Blätter mit einem scharfen Messer durchschneiden. Den Ananasschneider beim Strunk mittig ansetzen und in das Fruchtfleisch hinein drehen.

Die Fruchtfleischspirale vom Ananasschneider herunternehmen und in einzelne Ananasringe teilen.

Die Ananasringe werden auf die Dörrgitter verteilt und geschlossen ca. 8–10 Stunden gedörrt. Nach der halben Dörrzeit werden die Ananasringe umgedreht.

Orangen

Orangenscheiben werden getrocknet gerne als Zierde zur Verschönerung von Kränzen oder Gestecken benutzt. Man kann sie selber trocknen.

Vor dem Dörrvorgang in ein Geschirrtuch legen und ein bis zweimal mit dem Nudelholz unter leichtem Druck darüber rollen. Dann ist der überschüssige Saft aus den einzelnen Zellen raus und das Dörren im Backofen geht schneller.

Die Orangenscheiben sollten mindestens 5 mm dick sein, da sie beim Trocknen viel Feuchtigkeit verlieren und die Scheiben dadurch dünner werden. Der Backofen wird auf Umluft und 80–100 °C eingestellt. Dörrdauer: ca. 2 Stunden.

Kiwi

Die Kiwis mit einem scharfen Gemüsemesser schälen und den Strunk an der Oberseite herausschneiden. Kiwis in dicke Scheiben schneiden und diese auf die Dörrgitter des elektrischen Dörrgerätes verteilen.

Manche Dörrgeräte haben anstatt der Gitter feste Böden, da empfiehlt es sich, die in Scheiben geschnittenen Früchte nicht plan auf die Böden zu legen, sondern sie in Schuppen – ein wenig überlappend – anzuordnen oder auszurichten. Werden die Scheiben nämlich zu heiß, setzt sich dort der Fruchtzucker ab und karamellisiert aus (schmeckt allerdings auch wieder lecker!).

Wie auch bei den Ananasringen dreht man die Fruchtscheiben nach der halben Dörrzeit um. Nach ca. 8 Stunden ist der Dörrvorgang abgeschlossen.

Mit wenigen Handgriffen lassen sich ganz leicht Mangowürfel herstellen.

Mango

Die Mango hat einen länglichen Kern, der mit dem Fruchtfleisch verbunden ist. Am besten seitlich vom Kern die Mangohälften abtrennen, kreuzförmig einschneiden und an der Schale haltend gegen das Fruchtfleisch drücken. So entstehen Mangowürfel. Jetzt den mittleren Teil des Fruchtfleisches vom Kern lösen, schälen und ebenfalls würfeln.

Anschließend die Würfel auf die Dörrgitter schlichten, den Deckel schließen und das Gerät einschalten. Nach der halben Dörrzeit die Mangowürfel wenden. Die Dörrzeit beträgt ca. 6 Stunden.

Mango-Obstleder

Die Herstellung eines wohlschmeckenden Mango-Obstleders gelingt ganz einfach.

1 EL Flohsamenschalen
1 Tasse Mangofruchtfleisch
2 Tassen Kokosnussfruchtfleisch
etwas Agavendicksaft zum Süßen
etwas Vanille

Alle Zutaten im Mixer zu einer glatten Creme pürieren. Das Püree auf Backpapier aufstreichen und im Dörrgerät bei ca. 45° C dörren. Wenn das Dörrgut eine ledrige Konsistenz angenommen hat, ist es fertig und kann in Riegel geschnitten werden.

Himmlische Mangochips

1–2 Mangos

Die Mango schälen und das Fleisch vom Kern schneiden. So dann das Mangofleisch in dünne Scheiben hobeln. Diese Scheiben gleichmäßig und mit etwas Abstand voneinander auf die Gitterroste des Dörrautomats verteilen.

Die Trocknung dauert bei 70 °C ca. 14–18 Stunden (je nach gewünschtem Trocknungsgrad der Frucht). Die Mangochips abkühlen lassen und in luftdichten Vorratsdosen bis zum Verzehr aufbewahren.

Ingwer

Ingwer ist bekanntermaßen ein wahres Wundermittel: Geriebener Ingwer würzt Gerichte intensiv und verleiht ihnen einen exotischen Touch. Ingwer aufgebrüht lässt sich als Tee verwenden und hilft gut bei Erkältungen. Doch eine Ingwerknolle ist ergiebig und man kann sie nicht immer direkt aufbrauchen.

Diese empfindliche Frucht, was Schimmel angeht, kann man bei ca. 40 °C im Umluftofen relativ rasch trocknen. Eine normale Trocknung im üblichen Dörrgerät dauert erfahrungsgemäß zu lange. Eine alternative Methode ist hier das Kandieren des Ingwers.

ca. 250 g frische Ingwerknolle
½ l Wasser
250 g Vollrohrzucker

Wasser und Zucker in einem Topf zum Kochen bringen und ohne Deckel bei mittlerer Temperatur um mehr als die Hälfte der Flüssigkeit reduzieren. Man gewinnt so den sogenannten Läuterzucker, eine Zuckerlösung, die durch Aufkochen von Zucker und Wasser entsteht. Durch das Erhitzen wird die Zuckerlösung aufgekocht, wodurch Unreinheiten auf der Oberfläche als Schaum ausflocken, die einfach abgeschäumt (geläutert) werden können.

In der Zwischenzeit den frischen Ingwer schälen, in ca. 5 mm dicke Scheiben schneiden und im Zuckersirup köcheln lassen. Nach ca. 25 Min. vom Herd nehmen und abkühlen lassen. Dann in ein Glas füllen und im Kühlschrank ca. 5 Tage ziehen lassen.

Ingwer im Backofen dörren

Wenn man Ingwer dörren möchte, kann man den Backofen dazu verwenden:

Vorheizen auf 40 °C, die Ingwerknolle in dünne Scheiben schneiden.

Diese Scheiben auf ein saugfähiges Tuch legen und den Ingwer trocken tupfen. Anschließend die Ingwerscheiben auf ein Backblech legen und in den Backofen schieben. Die Scheiben der Ingwerknolle nun bei 40 °C trocknen lassen, was eine ganze Weile dauert.

Erst wenn die Scheibchen keine Flüssigkeit mehr verlieren, sind sie richtig getrocknet. Der getrocknete Ingwer kann anschließend weiter verwendet werden, gemahlen als Ingwergewürz oder gerieben als Tee. Ingwer stets trocken und am besten kühl lagern.

Papaya

Die Kerne der Papaya sind essbar und werden vor allem als Gewürz verwendet. Ihr Geschmack ähnelt dem der Kresse. Die Kerne kann man in der Gewürzmühle oder im Mörser kurz vor der Verwendung zerkleinern, sie passen so hervorragend zu indischen Gerichten oder Salat Dressings. Als Kerne bewahren sie sich ihr Aroma am besten.

Um die Papaya-Kerne verwenden zu können, muss man sie trocknen. Man kratzt sie mit einem Löffel aus der Frucht heraus, reinigt sie anschließend unter fließendem Wasser gründlich von Fruchtfleischresten und trocknet sie ausgelegt an einem luftigen und warmen Ort. Probieren Sie es doch einmal aus!

Das Vitamin-C-reiche Papaya-Fruchtfleisch hat einen fruchtig süßen Geschmack, der durch die Zugabe von Zitronensaft, Zucker oder Ingwer noch verstärkt wird. Reife Früchte erkennt man daran, dass die Schale bei Druck leicht nachgibt sowie an der leicht gelblichen Färbung der Schale.

Papaya kann man als Zutat für Obstsalate, aber auch für deftige Fleisch- und Fischgerichte verwenden. Zu Schinken passt diese Frucht ebenfalls sehr gut, und sehr beliebt ist die Papaya zur Zubereitung von Chutney, einer würzigen, oft süß-sauren, scharf pikanten Sauce aus der indischen Küche.

Nicht nur das Fruchtfleisch der Papaya ist sehr schmackhaft, auch die Papaya-Kerne werden getrocknet und gemahlen gerne zum Würzen verwendet.

Papaya Chutney

Passt hervorragend zu Gegrilltem, Käse oder einfach als Dip oder Brotaufstrich

2 kg Papaya, möglichst noch nicht reif
200 g Cashewnüsse
100 g Ingwer, frisch
8 Knoblauchzehen
4 Chilischoten, rot, scharf
400 g Sultaninen
800 g Rohrzucker
0,75 l Apfelessig
4 TL Salz

Papayas schälen und die Kerne herausschaben. Fruchtfleisch in Würfel von ca. 2 cm schneiden. Cashewkerne im vorgeheizten Backofen ca. 10 Minuten bei 180 °C goldgelb rösten, leicht abkühlen lassen und dann grob hacken.

Knoblauchzehen und Ingwer schälen und fein hacken. Chilischoten halbieren, die Samen entfernen, die Schoten fein hacken. Alle Zutaten in einen Topf geben und unter gelegentlichem Rühren 30 Minuten leise köcheln lassen. Es muss sich eine musartige Konsistenz einstellen.

Sterilisierte, vorgewärmte Gläser bis 3 mm unter den Rand mit dem Chutney füllen, gut verschließen und an einem kühlen, dunklen Platz ruhen lassen. Das Chutney kann man zwar sofort genießen, aber erst nach zwei Wochen hat es seinen vollen Geschmack entfaltet.

Papaya Konfekt

300 g gedörrte Papaya, klein geschnitten
½ l Wasser
100 g Zucker
etwas Zimt
1 TL Vanillezucker
2 Blatt Gelatine, eingeweicht und ausgedrückt
35 g Hagelzucker
60 g Mandeln, gehackt

Die getrockneten Papaya-Schnitzen 2–3 Stunden im Wasser aufweichen lassen. Das Wasser kurz zum Kochen bringen und die Papaya zugedeckt bei kleiner Hitze gut 20 Minuten köcheln lassen. Mit einem Mixstab fein pürieren. Das Püree durch ein Sieb streichen, Zucker, Zimt und Vanillezucker untermengen und alles unter Rühren in ca. 1 Stunde dicklich einkochen lassen.

Die Gelatine in die noch heiße Masse rühren und auflösen. Ein Backblech oder ein Dörrsieb mit Backpapier auslegen, die Masse darauf ca. 1 cm dick ausstreichen und 2 Tage trocknen lassen. In mundgerechte Würfel schneiden und zur Hälfte in Hagelzucker und Mandeln wälzen. In einer Keksdose hält sich das Konfekt ca. 2–3 Monate.

Gemüse

Das Dörren von Gemüse ist nur dem zu empfehlen, der eine gute Einrichtung zum Dörren besitzt und außerdem viel Gemüse aus dem eigenen Garten erntet.

Alles aus dem Garten, was man nicht frisch verwenden will oder was man im Überfluss besitzt, wird getrocknet und für später eingelagert. Von den Gemüsen eignen sich besonders die Kraut-, Wurzel- und Zwiebelgemüse, während Tomaten oder Gurken sehr an Volumen verlieren. Auf diese Weise kann man sich vor allem sehr einfach einen Vorrat an schmackhaftem Suppengemüse anlegen, das zum Würzen der verschiedensten Speisen nützlich ist.

Auch bei Gemüse wird nur beste Qualität verwendet, es wird sorgfältig geputzt, gewaschen und kochfertig vorbereitet.

Es ist empfehlenswert, Gemüse vor dem Trocknen zu blanchieren. Das verkürzt die Einweich- und Kochzeit bei der späteren Verwendung.

Getrocknet wird bei etwa 70 °C. Die Gemüseschnitze sollen gelegentlich gewendet werden und der Trockenvorgang muss sorgfältig überwacht werden. Während getrocknete Früchte biegsam oder lederartig bleiben, werden fast alle Gemüse durch das Trocknen hart bis spröde und zerbrechlich. Eine Ausnahme bilden lediglich Tomaten und Paprika.

Gemüse, das es das ganze Jahr über frisch gibt, trocknen? Ohne Putzen ist es in beliebigen Mengen schnell verwendbar. Für Gartenbesitzer ist das ein Vorteil.

Karotten

Zum Trocknen schneidet man die geschälten oder geschabten Karotten entweder in möglichst gleich große, etwa 5 mm dicke Scheiben oder man viertelt sie längs und schneidet sie dann in etwa 2 cm lange Schnitze. Karotten lassen sich ziemlich problemlos und rasch trocknen; schon nach ungefähr 6 Stunden fühlt sich das Dörrgut hart bis zäh an und ist somit zur Lagerung geeignet.

Karottenreistopf

½ Tasse Naturreis
2 Tassen eingeweichte Karottenschnitze
1 TL Sonnenblumenkerne ohne Schale
1 Ei
1 Tasse Milch
2 TL geriebener Käse
Salbei, Salz, Kümmel zum Abschmecken

Den Naturreis kochen und anschließend mit Karotten und Sonnenblumenkernen vermischen. In einem Gefäß Ei, Milch und Käse verrühren und mit den Gewürzen abschmecken. Über die Reismasse geben und durchrühren.

Karotten wird man nur bei einer überreichen Ernte aus dem Garten trocknen. Sie lassen sich dann aber vielseitig verwenden.

Getrockneter Sellerie als Suppengewürz.

Alles in eine gefettete Form geben und bei etwa 200 °C 30 Minuten backen.

Dieses Gericht lässt sich auch mit allen anderen Trockengemüsen oder mit Mischungen zubereiten.

Gemüse-Eintopf

50 g Reis
50 g Trockenkarotten
10 g Trockenzwiebel
20 g Trockensellerie
1 Würfel Brühe
3 Dosentomaten
1 TL Salz
1 Msp. schwarzer Pfeffer, etwas Kümmel
1 l Wasser, heiß
3 EL Rahm

Das Trockengemüse am Vorabend mit heißem Wasser übergießen und über Nacht quellen lassen. Dann gibt man die restlichen Zutaten dazu und bringt alles zum Kochen. Etwa 40 Minuten köcheln lassen und vor dem Servieren noch 4 Esslöffel Rahm darangeben.

Sellerie

Sellerie ist gleichermaßen Gemüse- und Gewürzpflanze. Vom Knollensellerie, der nur auf gut gedüngten Böden zufriedenstellend gedeiht, lassen sich in der Küche Blätter und Wurzel verwenden. Der Sellerie besitzt einen schwach süßlichen, würzigen Geschmack und wirkt harntreibend und nervenberuhigend. Er ist unverzichtbarer Bestandteil von Suppengrün und wird für Suppen und Bratensaucen verwendet. Zum Trocknen schneidet man die Knolle in dünne Streifchen oder Würfel, die man bei 60 °C dörrt.

Selleriekraut wird gebündelt luftgetrocknet und danach zerrieben.

Da es Sellerie das ganze Jahr über zu kaufen gibt und er zudem gut lagerfähig ist, lohnt sich das Trocknen nur zur Verwendung als Suppengewürz und in Mischungen von Suppengemüse. Ein besonders kräftiges Gewürz erhält man mit Selleriesalz.

Selleriesalz

2 EL gedörrte Selleriewürfel
1 TL Kochsalz
1 TL getrocknete Sellerieblätter

Die getrockneten, möglichst klein geschnittenen Selleriewürfel werden mit dem Kochsalz und den Sellerieblättern im Mörser sorgfältig zerrieben. Das Pulver soll möglichst fein werden und eignet sich hervorragend als kräftige Würze für Salate, Saucen, Suppen und Fleischgerichte.

Zwiebeln

Dazu gehören Speisezwiebeln, Perl- und Winterzwiebeln sowie Schnittlauch, Porree und Knoblauch. Im eigentlichen Sinne handelt es sich nicht um Gemüse, da sie zum Teil in Gerichten nur als Gewürze verwendet werden.

Speisezwiebeln, die man nicht frisch verbrauchen will, bereitet man zum Dörren vor: Dazu werden sie wie üblich abgeschält, der Wurzelansatz entfernt und die Frucht in 5 mm dicke Scheiben geschnitten. Diese Scheiben legt man in etwas Abstand voneinander auf den Trockenrost.

Beim Dörren achtet man darauf, keine anderen Früchte zusammen mit

Getrocknete Zwiebeln werden für Würzmischungen und Suppengemüse benötigt.

Ein Bündel aus Kräutern und Zwiebeln ist nicht nur nützlich, sondern auch dekorativ.

Zwiebelgemüsen zu trocknen, da der intensive Geruch sonst leicht übertragen wird.

Da sich Zwiebeln lange Zeit, meist bis zum nächsten Frühjahr, problemlos lagern lassen, werden sie sinnvollerweise nur zur Beimischung in Suppengemüse getrocknet.

Schnittlauch

Schnittlauch wirkt appetitanregend und blutdrucksenkend, welkt allerdings leicht. Dies tut er nicht, wenn man ihn fein schneidet und dann zügig bei etwa 60 °C trocknet. Mit anderen Gemüsen oder Kräutern kann er dann als Suppengewürz oder für Salat-Dressings dienen.

Lauch

Lauch, auch Porree genannt, ist eine der dankbarsten Gemüsepflanzen. Er ist winterfest und braucht weder Gewächshaus noch besondere Pflege. Zum Trocknen legt man die inneren gelbgrünen bis weißen Stangen in Blätter zerteilt und in Stückchen geschnitten nebeneinander auf das Dörrsieb und trocknet bei 70 °C. Nach 5 Stunden hat man zerbrechliche, dürre Lauchblätter. Durch Zugabe von getrocknetem Porree kann man vielen Gerichten einen schmackhaften Akzent verleihen.

Beliebt ist Porree kleingeschnitten in Suppen oder Reisgerichten und als Gemüsebeilage zu Fleischspeisen. Getrockneter Porree wird vor der Verwendung vorgeweicht und dann mit den anderen Zutaten wie Zwiebeln und Karotten gemischt.

Porreeomelett

1/2 Tasse Porree
2 EL Wasser
2 Eier
1 TL Butter
Salz

Den eingeweichten, abgetropften Porree in Butter leicht andünsten; inzwischen die Eier schlagen, salzen und mit dem Wasser verrühren. Über den Porree gießen und stocken lassen.

Porreekroketten

1 Tasse Porree
2 Eier
2 EL Mehl
1 Tasse Brühe
Salz, Pfeffer
1 EL Butter
Semmelbrösel, Öl

Aus Butter und Mehl eine Mehlschwitze herstellen. Mit Brühe aufgießen und glatt rühren. Auskühlen lassen. Pfeffer, den abgetropften Porree und 2 Eigelb dazugeben. Auf dem Arbeitsbrett aus der Masse mit genügend Semmelbröseln Kroketten formen. Dann in Ei wälzen und zuletzt in Semmelbröseln; in Öl kurz herausbacken.

Knoblauch

Knoblauch ist ein einjähriges Zwiebelgewächs, das aus dem Orient stammt. In letzter Zeit ist ein richtiger Knoblauchboom ausgebrochen, er gilt als schick, wird vermehrt in der alternativen Medizin gepriesen und etliche Kochbücher befassen sich ausschließlich mit dieser vielseitigen Pflanze. Im kalifornischen Knoblauchparadies Gilroy werden sogar jährlich Knoblauchfeste abgehalten, bei denen Knoblauch in buchstäblich jedem Gericht zu finden ist. Sogar Knoblaucheis wurde, allerdings kostenlos, an die eingefleischten Knoblauchfans ausgeteilt.

Aber auch in Europa leben unzählige Knoblauchfreaks: Jedes Jahr ziehen am 24. Juni die Bauern aus der Provence nach Uzès in der Nähe von Avignon in Südfrankreich. Dort läuft der beliebte Knoblauchmarkt ab; die Knoblauchknollen und -zehen wechseln stück- bis zentnerweise zu absoluten Spottpreisen ihren Besitzer.

Je reifer der Knoblauch ist, desto würziger sind sein Aroma und sein scharfer Geschmack. Mit Nelken, Kümmel oder Petersilie lässt sich der intensive Geruch leicht mildern.

Zum Dörren zerlegt man die Knoblauchzwiebel in die einzelnen Zehen und entfernt von diesen die Haut. Dann schneidet man die Zehen in kleine Streifchen, die locker auf das Trockensieb verteilt werden. Den getrockneten Knoblauch kann man fein zermahlen und mit Meersalz zu Knoblauchsalz vermischen, wie bei Zwiebelpulver beschrieben.

Knoblauchweißbrot

1 Stangen-Weißbrot
2 EL eingeweichte Knochlauchstückchen
50 g Butter
1 Prise Salz

Das Weißbrot in Abständen von 4 cm schräg einschneiden, sodass das Brot am Boden aber noch zusammenhält. Die Butter mit dem eingeweichten Knoblauch und dem Salz verrühren und gleichmäßig in die Einschnitte streichen. Das Weißbrot nun fest in Aluminiumfolie einschlagen und 15 Minuten im heißen Backofen bei 200 °C backen. Dann auseinanderbrechen und noch heiß servieren.

Paprika

Paprika besitzen neben Karotin und Vitaminen der B-Gruppe einen außerordentlich hohen Anteil an Vitamin C. Frische Paprika bekommt man im August günstig auf dem Markt zu kaufen; sie sind in verschiedenen Fruchtformen und -farben im Handel. In Ungarn werden die erntereifen Früchte in langen Girlanden aufgefädelt an den Hauswänden der Bauernhöfe getrocknet. Später mahlt man die geschrumpften Paprikaschoten in Mühlen zu Pulver und füllt sie in Päckchen für den Verkauf ab.

Paprika ist Gemüse und Gewürz zugleich, und man unterscheidet vom Geschmack her verschiedene Schärfegrade. Getrocknete kleine Paprikaschnitze ergeben ein gutes Suppengemüse für die kalte Jahreszeit.

Sie lassen sich sehr einfach dörren und bleiben auch im getrockneten Zustand noch leicht biegsam und „gummiartig“.

Tomaten

In der reifen Tomate findet man reichlich Vitamine, verschiedene organische Säuren und Geschmacksstoffe. Leider ist aber auch der Wasseranteil einer reifen Tomate ziemlich hoch, sodass zum Dörren möglichst feste, ausgereifte Früchte mit einem guten Anteil an Trockensubstanz heranzuziehen sind (Fleischtomaten).

Zum Trocknen bietet sich an, die Tomate zu halbieren oder zu vierteln und sie mit der Haut nach unten auf das Trockensieb zu legen. So bleiben Nährstoffe und Geschmack voll erhalten. Etwas weichere, besonders große Tomaten wird man noch in kleinere Keile als Viertel schneiden und auf alle Fälle für rasche Trocknung bei etwa 70 °C sorgen.

An eine Lagerung kann man denken, sobald die gedörrte Frucht zäh und lederartig ist oder man trocknet die Schnitze weiter, bis sie hart und brüchig werden. Zerkrümelt man nun das Dörrgut, so hat man eine ideale Brühenwürze zur Verfügung.

Feste Tomaten lassen sich auch in halbzentimeterdünne Scheibchen schneiden, die anschließend auf Backtrennpapier zum Dörren ausgelegt werden.

Getrocknete Tomaten sind eine beliebte Spezialität aus Italien. Tomatenschnitze eignen sich für Suppen und zum Braten und Schmoren mit Fleisch.

Besonders schmackhaft wird die Tomatensuppe mit der Zugabe von angerösteten Sesamsamen und Reis. Oregano rundet das Aroma vollends ab.

Tomatensuppe mit Sesam

$\frac{1}{3}$ Tasse Sesam
$\frac{1}{2}$ Tasse Reis
$\frac{1}{2}$ Tasse Wasser oder Brühe
1 EL getrocknete, eingeweichte Karotten
1 EL getrockneter, eingeweichter Sellerie
1 Tasse eingeweichte Tomaten
2 EL Sahne
Salz, Oregano
1 EL Öl
1 Knoblauchzehe

Knoblauch zerdrücken und leicht in Öl anbraten, dann den Reis mit den Sesamsamen darangeben und anrösten. Wasser dazugeben, kurz aufkochen und anschließend 10 Minuten bei kleiner Hitze köcheln lassen.

Das eingeweichte Trockengemüse im Mixer fein pürieren und zur Suppe geben. Umrühren und weiter köcheln lassen. Die Sahne in die Suppe einrühren. Nicht mehr aufkochen lassen.

Mit Salz und Oregano abschmecken und servieren.

Blumenkohl

Vom Frühjahr bis in den November hinein ist Blumenkohl auf den Märkten zu erhalten. Deshalb empfiehlt sich das Trocknen nur bei einer großen Ernte aus dem eigenen Garten oder für einen Vorrat von gemischtem Suppengemüse. Man zerlegt den Blumenkohl in möglichst gleich große Röschen, die nach 6 Stunden gedörrt sind.

Breite Bohnen werden in 2 cm große Stücke geschnitten. Blanchiert man sie, weichen sie später schneller auf.

Blumenkohl in Käsesauce

3 Tassen getrocknete Blumenkohlröschen
1/2 Tasse Trockenpilze
2 TL Butter
1 EL Mehl
1/2 Tasse Milch
1/2 TL Salz
1/2 Tasse geriebener Käse

Den eingeweichten, abgetropften Blumenkohl kurz in Wasser weichkochen. Daneben Butter in eine heiße Pfanne geben, das Mehl fein einrühren. Bei mittlerer Hitze unter Umrühren die Milch dazugießen und weiterrühren, bis die Sauce kurz aufkocht und eindickt. Käse und Salz zufügen und rühren, bis der Käse geschmolzen ist.

Inzwischen die eingeweichten und abgetropften Dörrpilze in einer gebutterten Pfanne andünsten und zur Käsesauce geben. Die gekochten Blumenkohlröschen anrichten und mit der schmackhaften Sauce übergießen.

Bohnen

Dieses vielseitige Nahrungsmittel lässt sich mit verschiedenen Küchenkräutern wie beispielsweise Dill oder Bohnenkraut, als Bohnensalat, Gemüseeintopf, Beilage usw. verwenden. Getrocknete Bohnenkerne sind vor allem in Eintöpfen gut geeignet.

Zum Trocknen von frischen, grünen Bohnen bieten sich verschiedene Möglichkeiten an. Man kann sie in etwa 2 cm lange Stückchen schneiden, wobei man auf schräge Schnittflächen achtet. Auf diese Weise verkürzt man sowohl die Dörr- als auch später die Quellzeiten. Natürlich kann man auch die Bohnenschoten als Ganze auf eine Schnur aufgereiht oder locker ausgelegt lufttrocknen.

Brotaufstrich

1 Tasse Dörrbohnen, eingeweicht und weichgekocht
½ Tasse geriebener Emmentaler
1 TL Oregano
½ TL Knoblauchsalz
1 EL Naturjoghurt

Die weichgekochten Bohnen passieren und mit dem Emmentaler Käse verrühren. Nach Bedarf würzen und die Masse zu einer streichfähigen Paste verrühren. Gegebenenfalls noch Käse und Joghurt dazugeben.

Dieser Aufstrich schmeckt auf einer Scheibe frischem Vollkornbrot besonders würzig.

Delikate Gemüsesuppe

1½ Tassen Vollwert-Couscous
1 Tasse Pintobohnen
1 Tasse getrocknetes Suppengemüse (Kohl, Tomate, Karotte etc.)
2 TL getrocknete Zwiebelringe

Vor dem Servieren:
1 Knoblauchzehe, zerdrückt
Gewürzpfeffer, Oregano, Salz

Die Zutaten gut zusammenmischen und luftdicht verschlossen aufbewahren.

Zum Essen dann die Mischung mit kochendem Wasser übergießen und 5 Minuten quellen lassen. Auf eine Tasse Dörrgut kommen dabei etwa 4–5 Tassen Wasser. Den Knoblauch darangeben und mit Gewürzpfeffer, Oregano und Salz abschmecken. Noch 2–3 Minuten köcheln lassen, vor dem Servieren mindestens 5 Minuten zugedeckt ziehen lassen.

Salatkräutermischung

Saisonmäßig bedingt trocknen wir immer wieder kleingehäckselte Karotten, Sellerie, Lauch, Paprika, Knoblauch, Zwiebeln und Petersilie usw. Nach dem Dörren mahlen wir das Ganze fast pulverfein und es entsteht eine wunderbare Kräutermischung, die bestens für viele Gerichte und Salate geeignet ist.

Das Trocknen passiert im Dörrgerät oder im Selbstbau Dörrschrank aus Holz mit einem Heizlüfter davor, der mit 1000 Watt läuft, so kann also eine ganze Menge Material in einem Durchgang mit relativ wenig Energieaufwand getrocknet werden.

Unserer Erfahrung nach sind Gemüse und Kräuter mit leicht flüchtigen, frischen Aromen, wie z.B. Petersilie, Kerbel, Dill, Schnittlauch oder Sauerampfer besser zum Einfrieren, als zum Trocknen geeignet. Kräuter und Gemüse mit eher herben, harzigen Aromen, wie z.B. Thymian, Bohnenkraut, Salbei oder Liebstöckel usw. behalten auch beim Trocknen ihr Aroma.

Natürlich sind selbst gezogene Kräuter wie Safran, Muskat, Petersilie, Salbei, Rosmarin usw. in ihrem Aroma mit den gekauften nicht zu vergleichen. Wir nehmen zum Trocknen möglichst junge Pflanzen, weil diese das meiste Aroma enthalten.

Pilze

Trotz ihres extrem hohen Wassergehaltes von 90 bis 95 % eignen sich Pilze hervorragend zum Trocknen. Das Aroma bleibt dabei weitgehend erhalten, was Trockenpilze vor allem zu einer hervorragenden Würze für Suppen und Saucen macht.

Alle Pilzarten eignen sich zum Trocknen. Ganz besonders aromatisch und damit vorzüglich geeignet sind Morcheln, Steinpilze und Rotkappen. Wichtig ist nur, dass man bereits beim Sammeln im Wald wurmige oder überalterte Pilze aussortiert oder schlechte Stellen wegschneidet.

Zunehmendes Interesse findet auch die Pilzkultur im eigenen Garten oder sogar im Keller. Pilzmyzele für die Anzucht werden vermehrt im Handel angeboten und da bei dieser Form der Pilzkultur häufig wesentlich größere Mengen heranwachsen, als im Augenblick frisch verbraucht werden können, ist das Dörren eine ausgezeichnete Methode der Vorratshaltung.

Pilze sollten vor dem Trocknen möglichst nicht gewaschen werden, weil sie dabei einen Teil ihres Aromas verlieren und zusätzlich zu ihrem hohen Wassergehalt weiteres Wasser aufsaugen, wodurch sich die Dörrzeiten zusätzlich verlängern.

Getrocknete Pilze sind eine Kostbarkeit, von der man gar nicht genug haben kann.

Es ist besonders wichtig, die Pilze gründlich mit dem Messer zu putzen. Man entfernt alles Unbrauchbare sorgfältig: dazu gehören zähe Stellen, Druckstellen, madige Bereiche, alte Röhren und Lamellen.

Pilze, die nicht mehr schnittfest sind, gehören weder auf das Trockensieb, noch in die Pfanne. Sie beeinflussen später den Geschmack des Pilzgerichtes. Die geputzten Pilze schneidet man in kleine Scheibchen.

Je dünner die Scheibchen sind, desto rascher trocknen sie. Das geht in praller Sonne, aber natürlich, etwas länger, in einem ständigen, leichten Luftzug. Ideal trocknen Pilze im elektrischen Dörrgerät, bei 45–50 °C, wo sie in zwei bis vier Stunden bereits fertig zum Verpacken sind.

Trockene Pilze sind zäh bis hart (Pfifferlinge, Habichtspilze). Trocknet man sie weiter, so krümeln sie, was man bei der Herstellung von Pilzpulver nutzt.

Selbstverständlich lassen sich Pilzscheibchen auch auf Fäden aufziehen und aufgehängt trocknen. Sie werden dann im Backofen kurz nachgetrocknet.

Zur Aufbewahrung eignen sich am besten gut verschließbare Glasbehälter wie Marmeladengläser mit Schraubdeckel oder Einweckgläser mit Gummiring und Klammerverschluss. Auch braune, fest verschlossene Papiertüten kann man dazu benutzen.

So fein geschnitten und säuberlich geputzt müssen Pilzscheiben zum Trocknen ausgelegt werden.

Es ist zweckmäßig, seinen Pilzvorrat von Zeit zu Zeit auf Insektenbefall zu überprüfen; kleinere Maden können unbemerkt geblieben sein. In jedem Falle aber sollte man seine Dörrpilze während des Winterhalbjahrs verbrauchen.

Ganz gleich, ob die Pilze in Suppen mitgekocht werden, gedämpft z. B. unter Reis gemischt oder zu kurz gebratenem Fleisch gereicht werden sollen – sie müssen in jedem Fall vor der Verwendung in wenig lauwarmem Wasser eingeweicht werden. Je nach Größe und Stärke der Scheiben brauchen die Pilze ein bis vier Stunden, um in lauwarmem Wasser weich zu werden und Volumen anzunehmen.

Das Einweichwasser sollte man niemals wegschütten, denn wertvolle Aromastoffe gehen beim Weichen in das Wasser über. Man lässt die Pilze in einem Sieb abtropfen und gießt das Wasser durch ein Filterpapier oder durch ein feines Tuch, damit Sand und andere Rückstände zurückgehalten werden. Das Wasser gibt man dann mit den Pilzen in die Suppe oder Sauce. Werden die Pilze in Butter gedünstet, wird das Wasser anschließend über die Pilze gegeben und in der offenen Pfanne nach Bedarf reduziert.

Pilzgerichte sind nicht gerade leicht verdaulich, bei ihrer Zubereitung muss man daher einiges beachten: Zugabe von Knoblauch macht das Gericht bekömmlicher. Für Suppen zieht man Champignons, Täublinge und Steinpilze vor; für Saucen verwendet man

Champignons, Maronen und Pfifferlinge. Als Zutaten für Rühreier schmecken besonders die Rotkappe oder der Birkenpilz. Alle diese Arten kann man in unseren Wäldern im Spätsommer mühelos finden.

Pilzpulver

Die Herstellung von Pilzpulver zumindest aus einem Teil der Ernte bietet besondere Vorteile:

- Bessere Verdaulichkeit und damit größere Nutzung enthaltener Nährstoffe.
- Alle essbaren Pilze lassen sich dafür verwenden.
- Die Aromastoffe werden im Pulver am besten frei.
- Es lässt sich einfacher verwenden als Dörrpilze, denn es braucht nicht eingeweicht zu werden.

Das Pulver stellt man am besten gleich nach dem Trocknen aus den raschelddürren Scheibchen und Stückchen her. Man kann die Pilze mit einer geruchsfrei gesäuberten Kaffeemühle vermahlen oder auch mit dem Nudelholz, wobei die Pilze zwischen zwei Bogen Packpapier gelegt werden. Besonders fein werden die Pilze in einem Keramikmörser verrieben.

Als ideale Lager- und Weiterverarbeitungsform empfiehlt sich grießartige Körnung, weil sie nicht so fein ist, dass sie verklumpen könnte.

Die Gefahr des Milbenbefalls kann man größtenteils abwenden, indem man die Pilze beim Trocknen zuletzt kurze Zeit höheren Temperaturen aussetzt.

Verwendung von Trockenpilzen

Reis mit Pilzen

1 Tasse Naturreis
2 Tassen Fleischbrühe
30 g Trockenpilze
3 Schalotten
Öl oder Butter

Die Pilze in einer Tasse lauwarmem Wasser einweichen. Die abgetropften Pilze und die gehackten Schalotten in Fett andünsten und dann den Reis kurz mitdünsten und mit Pilzwasser und der Fleischbrühe aufgießen, umrühren und etwa 20–30 Minuten zugedeckt köcheln lassen. Dabei gelegentlich umrühren und wenn nötig, etwas Flüssigkeit nachgießen. Nach Geschmack würzen.

Das beste Pilzaroma bekommt der Reis mit Pilzen durch eine Mischung aus getrockneten und frischen Steinpilzen.

Eiergericht mit Pilzen

2 Eier
2 TL Butter
½ Tasse Pilze
1 kleine Zwiebel, fein gehackt
Zwiebelsalz

Pilze in wenig Wasser einweichen. Die Butter in einer Bratpfanne zerlaufen lassen und die abgetropften Pilze mit der Zwiebel andünsten. Die Eier mit dem Einweichwasser und den Gewürzen verquirlen, in die Pfanne geben und die Pilze locker unterheben, bis die Eier stocken.

Pilzbrühe

50 g Trockenpilze
1 Zwiebel
1 kleine Stange Lauch
1 Petersilienwurzel
¼ Sellerieknolle
¼ Kohlrabi
1 Karotte
Salz, Pfeffer

Die eingeweichten, abgetropften Pilze und das fein geschnittene Gemüse in wenig Butter andünsten. Pilzwasser auf ¾ l ergänzen und mit dem gefilterten Einweichwasser das Gemüse damit aufgießen. Mit Salz und Pfeffer würzen und etwa 30 Minuten kochen. Die Brühe eignet sich als Basis für Suppen und Saucen.

Rinderroulade mit Pilzen

100 g Dörrpilze
1 TL Senf
4 Scheiben Rouladen
30 g Speck
2 Zwiebeln
50 g Öl
2 EL Mehl
1 EL Tomatenketchup
½ l Brühe
Salz, Pfeffer

Die Pilze in der lauwarmen Brühe einweichen. Die Fleischscheiben klopfen und außen mit Salz und Pfeffer einreiben. Die abgetropften Pilze mit einer feingehackten Zwiebel und Speck kurz andünsten und würzen. Die Rouladen innen mit Senf bestreichen und die Pilze darauf verteilen. Fleisch zusammenrollen und mit Spießchen zusammenhalten. In heißem Öl unter mehrmaligem Wenden gleichmäßig anbraten. Die zweite Zwiebel in Ringe schneiden und zugeben, mit Mehl überstäuben und bräunen lassen. Nun mit der Brühe auffüllen und zugedeckt 40 Minuten schmoren lassen. Die Sauce zuletzt mit Salz, Pfeffer und Ketchup abschmecken.

Als Beilage kocht man Nudeln und gibt sie zu der Sauce. Nach Belieben mit Käse bestreuen.

Steinpilzgericht

2 Tassen getrocknete Steinpilze
1 EL Butter oder Margarine
1 Tasse Fleischbrühe
Salz, Pfeffer
1 Handvoll frische Kräuter nach Wahl
etwas saurer Rahm

Die Pilze einweichen. Die Butter inzwischen zergehen lassen. Die Fleischbrühe hinzufügen und die Pilze unter Umrühren dazugeben. Etwa 25–30 Minuten auf kleiner Flamme zugedeckt dünsten lassen. Mit Salz, Pfeffer und den Kräutern abschmecken und am Schluss etwas sauren Rahm unterrühren. Dieses Gericht schmeckt gut zu Kartoffeln oder verschiedenen Fleischgerichten. Eine wunderbare Sache besonders mitten im Winter.

Pilze mit Schwarzwurzeln

2 Tassen getrocknete Pilze nach Wahl
300 g Schwarzwurzeln
1 TL Zitronensaft
einige Butterflöckchen
etwas Öl
3 EL geriebener Käse
1 Handvoll Semmelbrösel
1 Handvoll gehackte Petersilie
Pfeffer, Knoblauchpulver, Salz

Die Pilze in Wasser einweichen, die Schwarzwurzeln säubern und in etwa 4 cm lange Stückchen schneiden. In wenig Wasser mit Zitronensaft zusammen mit den Pilzen weich dämpfen.

Eine Auflaufform mit etwas Öl auspinseln und mit Pilzen und Schwarzwurzeln füllen. Salz, Pfeffer und Knoblauchpulver unter das Gemüse mischen. Alles mit geriebenem Käse bestreuen und im vorgeheizten Ofen ca. 10 Minuten überbacken. In den letzten 5 Minuten Semmelbrösel über den Käse streuen und mit ein paar Butterflöckchen und Kräutern bestreut servieren.

Böhmische Pilzsuppe

25 g gedörrte Mischpilze
400 g Kartoffeln
1 große Zwiebel
50 g Butter
1 l Wasser
40 g Mehl
Knoblauch, Kümmel, Majoran, Salz, Pfeffer, Petersilie

Pilze einweichen. Kartoffeln schälen und in Würfel schneiden. Zwiebel fein schneiden. Die abgetropften Pilze mit Zwiebel und Knoblauch in der Butter andünsten, mit Mehl bestäuben und mit Wasser (einschließlich Einweichwasser der Pilze) ablöschen. Die Kartoffeln und Gewürze zugeben und kochen, bis die Kartoffeln weich sind. Mit Salz und Pfeffer abschmecken und zuletzt die Petersilie zugeben.

Pilzaufstrich

1 Tasse getrocknete Mischpilze
1 Zwiebel
2 EL Dörrtomaten
1 TL Tomatenmark
Öl, Salz, Pfeffer

Die eingeweichten, abgetropften Pilze zusammen mit der fein geschnittenen Zwiebel in Öl andünsten. Die eingeweichten Tomaten mit dem Tomatenmark beigeben, Pilzwasser zugeben und alles unter Rühren dünsten, bis die Flüssigkeit verdampft ist. Würzen und auf frisch geröstete Weißbrotscheiben streichen.

Gewürz- und Teekräuter

Für Kräuter (Garten- und Wildkräuter) ist das Trocknen die übliche Methode der Konservierung. Am besten sammelt man sie bei schönem, trockenem Wetter, wenn sie saftig und aromatisch sind. Je gezielter man die Pflanzen bereits beim Sammeln auswählt, desto weniger Arbeit bleibt dann zu Hause zu tun, denn Fremdpflanzen und trockene Teile brauchen dann nicht mehr aussortiert zu werden.

Bei den Kräutern richtet sich der optimale Erntezeitpunkt nach dem verwendbaren Pflanzenteil: Kurz vor der Blütezeit sind Wirkstoffgehalt und Aroma der meisten Kräuter am höchsten. Blätter sollte man in den Morgenstunden sammeln, Blüten in der Vollreife und Wurzeln schließlich im Herbst nach Abschluss des Wachstums. Man sollte immer nur einen Jahresbedarf an Kräutern sammeln und dörren und später lieber für neuen Nachschub sorgen, da das Aroma sich im Laufe der Lagerung verflüchtigt.

Wurzeln reinigt man vor dem Trocknen sorgfältig, befreit sie von Schmutz und schlechten Stellen und schneidet sie dann in kleine Stückchen, damit sich die Trockenzeiten verringern. Sie werden wie Gemüse getrocknet.

Getrocknete Kräuter sind in der Küche unverzichtbar, als Gewürz oder für Tee.

Kräuter an Stielen können gebündelt luftig zum Trocknen aufgehängt und nach dem Trocknen von den Stielen gestreift werden. Sie können aber auch auf die bereits beschriebene Weise in Trockensieben getrocknet werden, dabei ist darauf zu achten, dass die Temperaturen nicht zu hoch sind. 35 °C genügen, da sonst zu viele Inhaltsstoffe verlorengehen. Deshalb sollte man Kräuter beim Dörren nur mäßig dem Sonnenlicht aussetzen.

Kräuter sind fertig getrocknet, wenn sie hart und bröselig sind. Aus Kräutern und aromatischen Gemüsen lassen sich ausgezeichnete Würzpulver herstellen. Nach besonders guter Trocknung werden Mischungen ganz nach eigenem Geschmack zusammengestellt, im Mörser zerrieben und in gut verschließbaren Gläschen oder Dosen aufbewahrt.

Den Reifegrad der Trocknung kann man testen, indem man ein paar getrocknete Kräuter wenige Tage in ein luftdicht verschlossenes Glas gibt. Stellt man danach Schimmel, Spuren von Kondensierung oder Farbveränderungen fest, wurde zu kurz getrocknet.

Petersilie

Die Petersilie ist sicher das bekannteste Küchenkraut. Schon etwa ein Esslöffel Petersilie deckt den täglichen Bedarf eines Menschen an Vitamin C. Petersilie sollte nie mitgekocht werden, sondern erst zuletzt vor dem Servieren zugeführt werden.

Wer keine Möglichkeit hat, frische Petersilie über den Winter in Blumentöpfen oder Fensterkästen zu ziehen, oder einen großen Überschuss im Garten hat, der kann sie trocknen. Glatte Petersilie ist meist aromatischer und deshalb zum Trocknen besser geeignet als Kräuselpetersilie. Man entfernt die Stiele und legt die Blätter locker zum Trocknen aus. Getrocknet ist sie beliebig klein zu zerkrümeln oder im Mörser fein zu pulverisieren.

In luftdichten Behältern wird sie aufbewahrt. Da Petersilie gerne von Blattläusen oder Milben befallen wird, sollte man bei der Ernte kontrollieren, ob die Blätter einwandfrei sind.

Basilikum

Basilikum, auch als Königskraut bekannt, ist eine einjährige Gewürzpflanze, die in letzter Zeit zunehmend an Beliebtheit gewonnen hat. Damit es sein volles Aroma entwickeln kann, benötigt es viel Sonne und Wärme. Zum Dörren erntet man kurz vor der Blüte, indem man das Kraut eine Handbreit über dem Boden abschneidet. Dann bündelt man es und hängt es an einem luftigen, schattigen Platz zum Trocknen auf. Getrocknet werden die Blätter von den Stielen gestreift. In der Küche wird Basilikum für Rohkostschalen, Salate und Saucen, vor allem in Verbindung mit Tomaten, aber auch für Fleischspeisen, Eintöpfe und Gerichte der italienischen Küche verwendet.

Basilikumkartoffeln

1 kg gleichmäßige, möglichst kleine Salatkartoffeln
50 g Butter
1 EL getrocknetes Basilikum
Salz

Die Kartoffeln mit der Schale in Salzwasser kochen, schälen und dann heiß in zerlassener Butter und Basilikum schwenken und sparsam salzen.

Bohnenkraut

In manchen Gegenden nennt man es auch Pfefferkraut, weil es scharf und pfefferartig schmeckt. Wegen seines intensiven Aromas sollte man Bohnenkraut sparsam verwenden. Am besten passt es zu grünen Bohnen, Bohnenkernen und anderen Hülsenfrüchten, wie Linsen und Erbsen. Es passt aber auch gut zu Sauerkraut, Pilzen und Kartoffelpuffern.

Bohnenkraut schneidet man kurz vor der Blüte, denn dann ist die Würzkraft am stärksten. Die grünen Zweige werden gebündelt und aufgehängt und getrocknet. Die trockenen Bündel kann man in Plastiksäcken aufbewahren und bei Bedarf einzelne Zweige abbrechen und im Ganzen mitkochen. Die Stiele werden dann nach der Kochzeit entfernt. Man kann aber auch die feinen Blättchen abstreifen und in Gläsern aufbewahren.

Salbei

Salbei ist eine ausdauernde, fast unempfindliche Staude, deren Blätter frisch das zarteste Aroma haben und zu Fleischgerichten verwendet werden. Getrocknet schmeckt Salbei sehr intensiv und leicht bitter. Man erntet die Blätter und jungen Triebe vor der Blüte. Bekannt ist Salbei auch zur Behandlung von Rachen- und Halsentzündungen; man gurgelt dann mit Salbeitee. Dafür können die Blätter ungeschnitten getrocknet werden.

Salbeiauszüge regulieren die Talgproduktion der Haut und beleben die Haardrüsen der Kopfhaut. Man sollte Salbei allerdings nur bei dunklerem Haar anwenden, da er Farbe abgibt.

Zum Trocknen schneidet man ihn am besten in feinen Streifen, vor allem, wenn er als Gewürz verwendet werden soll.

Hackfleisch-, Leber- oder Eintopfgerichte erhalten durch Salbei einen herben Akzent.

Salbei wird vor der Blüte geerntet.

Pfefferminze

Pfefferminze, auch nur einfach Minze genannt, ist vor allem als Tee bekannt. Die Blätter riechen stark aromatisch und schmecken angenehm würzig, zuerst eher wärmend und dann kühlend. Dieser Effekt beruht auf dem hohen Gehalt an ätherischen Ölen, vor allem Menthol.

Zum Trocknen bündelt man das Kraut und streift danach die Blätter ab, die man gut verschlossen aufbewahrt, damit das Aroma erhalten bleibt. Der Tee hilft gegen Appetitlosigkeit und Verdauungsstörungen, regt die Gallensekretion an und beruhigt das Nervensystem. Pfefferminztee ist vor allem ein ausgezeichneter Durstlöscher, der auch kalt mit Zitrone und etwas Honig oder Zucker gut schmeckt.

Etwas weniger bekannt ist die Minze als Gewürzkraut zum Verfeinern von Salaten oder Saucen. Berühmt ist die englische Mint-Sauce, zu Hammel- oder Kalbfleisch in England unerlässlich.

Mint-Sauce

5 EL getrocknete Pfefferminzblätter
1 Tasse Weißweinessig oder Sherryessig
$^1/_2$ Tasse Wasser
3 EL Zucker

Minzeblätter fein zerkrümeln, Wasser mit Essig und Zucker aufkochen und über die Minze gießen. Durchziehen lassen und sofort zu Lammfleisch verwenden oder abgefüllt in eine kleine Flasche verschlossen aufbewahren. Wenn kein Sherryessig vorrätig ist, kann man zum Weinessig ein kleines Glas Sherry geben. Mint-Sauce gehört in England zu Lammfleisch unbedingt dazu.

Kräutermischungen

Viele andere Küchenkräuter wie Rosmarin, Thymian, Liebstöckel, Dill, Estragon und Kerbel werden auf die gleiche Weise getrocknet und bereichern, in kleine Gläser gefüllt, das Gewürzregal in der Küche und den Geschmack von Gemüse- und Fleischgerichten.

Aus Kräutermischungen lassen sich ausgezeichnete Salatsaucen zubereiten. Im Gegensatz zu gekochten Speisen, in die die Kräuter einfach trocken eingestreut werden, sollten Kräuter für Salate zunächst mit einem Löffel Wasser und dem nötigen Essig oder Zitrone angerührt werden, und ein paar Minuten ziehen, bevor man das Öl zugibt. Sie entfalten so ihr Aroma besser und werden grün und weich.

Gebündelte Küchenkräuter zum Trocknen an der Luft.

Kräuterquark

250 g Magerquark
1 Stück Sahnefrischkäse
etwas roter Paprika
Petersilie, Kümmel, Schnittlauch, Thymian
2 EL Milch

Magerquark mit dem Sahnefrischkäse gut verrühren. Anschließend etwas Paprika darangeben. Aus Petersilie, Kümmel, Schnittlauch und Thymian eine feine Kräutermischung herstellen. Die Kräuter werden in Milch gerührt und 30 Minuten stehen gelassen. Zuletzt mit dem Quark verrühren und der würzige Brotaufstrich ist fertig.

Auch beliebige weitere Kräutermischungen sind möglich. Mit Sauerrahm oder Joghurt verrührt, ergibt Kräuterquark eine gute Beilage zu neuen, frisch gekochten Kartoffeln.

Kräuterbutter

100 g Butter
2 EL fein zerkleinerte Kräuter, wie Bohnenkraut, Dill, Petersilie, Majoran, Salbei
1 TL Zitronensaft
Zwiebelsalz, Pfeffer, nach Geschmack Knoblauchsalz

Butter schaumig rühren. Kräuter mit dem Zitronensaft anfeuchten und mit Zwiebelsalz, Pfeffer und evt. Knoblauchsalz gut verrühren.

Bei Kartoffelgerichten und Fleischspeisen setzt ein Stückchen Kräuterbutter den richtigen Akzent.

Kamille

Diese alte und bekannte Heilpflanze wächst in ganz Europa, meist an Wegrändern oder auf trockenen Halden. Man erkennt sie leicht an ihren weißen Strahlenblüten und dem intensiven, aromatischen Duft. Man sammelt nur die Blütenköpfchen, wenn die Blütenblätter leicht nach unten geneigt sind. Dann nämlich ist der Gehalt an ätherischen Ölen am höchsten. An einem luftigen, dunklen Platz werden sie, auf Trockensiebe ausgebreitet, rasch getrocknet.

Kamille wirkt entzündungshemmend und heilend. Aufgüsse werden zum Gurgeln, für Umschläge und Augenbäder, als Tee und für Dampfbäder verwendet.

Bei natürlich blonden Haaren als Aufguss verwendet, bewirkt die Kamille eine sanfte Aufhellung. Kamille beruhigt die Kopfhaut, reinigt fettiges und schuppiges Haar.

Johanniskraut

Die Pflanze wächst auf trockenen, sonnigen Hügeln und an Feldrainen und Waldrändern. Gesammelt werden die Blüten und Blätter, indem man etwa 20–30 cm lange Blütenbüschel schneidet. Sie werden in Bündeln an einem luftigen Ort zum Trocknen aufgehängt. Wegen des lichtempfindlichen Farbstoffes der Blüten muss man gedörrtes Johanniskraut möglichst in dunklen Gläsern aufbewahren.

Tee aus Johanniskraut wirkt günstig bei Nierenleiden und Brustverschleimungen.

Setzt man die Blüten zwei Wochen lang an einer warmen Stelle mit Olivenöl an, so geht der rote Pflanzensaft ins Öl über. Mit diesem Hausmittel kann man durch äußerliches Einmassieren Schwellungen, Hexenschuss und Muskelverspannungen zum Abklingen bringen. Auch bei Verdauungs- und Leberbeschwerden sowie bei unruhigem Schlaf hat sich dieses Naturheilmittel bewährt.

Zinnkraut

Zinnkraut wächst mit Vorliebe in Sümpfen, Gräben und auf feuchten Wiesen und Äckern. Gesammelt wird das ganze Kraut. Dann bündelt man die Pflanzen und trocknet sie auf einer Schnur an einem luftigen, schattigen Platz.

Im Volksmund auch Katzenwedel genannt, besitzt das Zinnkraut große Heilkraft bei Blutungen, Nieren- und Blasenbeschwerden. Zur Anwendung kommt es meist in Form von Tee, als Fußbad bei entzündeten Füßen und als Dampfbad eines Zinnkrautabsuds bei Blasenkrämpfen. Der hohe Kieselsäureanteil der Pflanze soll auf die Festigung der Haut besonderen Einfluss haben. Für samtige Haut werden 20 g Blätter mehrere Stunden in kaltem Wasser eingeweicht, dann 10 Minuten aufgekocht. Der Absud wird mit Kompressen auf das Gesicht aufgetragen.

Brennnessel

Die Brennnessel ist eine der heilkräftigsten Pflanzen, die man kennt.

Als Tee wirkt sie blutreinigend, harntreibend und baut Verschleimungen der Lunge und Atmungsorgane ab. Auch bei Magen- und Darmerkrankungen leistet sie gute Dienste, der Tee darf aber nicht gekocht, sondern nur abgebrüht werden, damit die Wirkstoffe erhalten bleiben.

Ein sehr gutes Haarmittel lässt sich so herstellen: Die getrockneten Wurzeln einen Tag mit Wasser kalt stellen, kurz aufkochen und ziehen lassen. Den Sud mit Brennnesseltee mischen, abseihen und alles kalt stellen. Damit dann regelmäßig Kopfhaut und Haare nach dem Waschen spülen.

Die Pflanze sammelt man zum Trocknen im Frühsommer. Dazu zupft man die Blätter ab und lässt sie auf dem Trockensieb dörren. Leicht zerkrümelt lassen sie sich dann gut in Gläsern aufbewahren.

Löwenzahn

Die gute alte Pusteblume wächst überall dort, wo es Gras gibt: Auf Wiesen, Schuttplätzen und Bahndämmen. Löwenzahn enthält Bitterstoffe, die galle- und harntreibend wirken.

Um Frühlingssalate zu verfeinern, nimmt man am besten die zarten, jungen Blätter, noch bevor die Pflanze blüht. Nach dem Waschen zerkleinert man sie und mengt sie unter die Salatsauce. Zuletzt streut man noch einen Teelöffel fein gehackten Schnittlauch darüber.

Zum Trocknen eignen sich die Blüten und die Blätter.

Man sammelt und trocknet die Pflanze in den Frühsommermonaten, in denen sie ihren höchsten Wirkstoffgehalt aufweist. Aus den getrockneten Blättern lässt sich ein Tee zubereiten. Aus der getrockneten, zerkleinerten und gerösteten Wurzel kann man ein Kaffeesurrogat ohne die Belastungsstoffe des Koffeins herstellen und ein Aufguss eignet sich gut für Haarspülungen gegen Schuppen.

Löwenzahnhonig

Aus den getrockneten Blüten lässt sich ähnlich wie aus Fichtentrieben eine Art Honig herstellen. Dazu legt man einige Handvoll Blüten in einen Topf, bedeckt sie mit Wasser und lässt sie 8 Stunden weichen.

Anschließend kocht man den Blütenbrei etwa 45 Minuten und lässt ihn dann stehen. Der reine Saft ohne die Blüten wird dann mit derselben Menge braunem Zucker gekocht, bis die Masse zäh andickt.

Rheumatee

10 g Pfefferminzblätter
20 g Löwenzahnwurzel
10 g Brennnesselkraut
10 g Hagebuttenschalen
10 g Birkenblätter

Die Kräuter mit kochendem Wasser überbrühen und einige Minuten ziehen lassen.

Spitzwegerich

Wegerich wächst fast überall an Wegen und auf Wiesen; vom Frühsommer bis in den Herbst hinein ist er zu finden. Er ist ein uraltes Heil- und Wundmittel. Seine mildernde Wirkung auf Wunden und Ausschläge beruht auf den ätherischen Ölen und seinem Vitamingehalt.

Man sammelt die Blätter ab April, trocknet sie rasch, um Wirkstoffverlust zu unterbinden und verfügt so über ein vorzügliches Hausmittel zur Blutreinigung und Schleimlösung bei erkrankten Atmungsorganen.

Äußerlich lässt sich der Spitzwegerich bei schlecht heilenden Wunden in Form von Umschlägen anwenden.

Nach dem Sammeln sollten die Spitzwegerichblätter rasch zum Trocknen ausgelegt werden, damit der Wirkstoffverlust so gering wie möglich ist.

Hustenteemischung

10 g Spitzwegerichblätter
20 g Huflattichblätter
10 g Königskerzenblüten
10 g Andornkraut

Die Kräuter mit kochendem Wasser überbrühen und einige Minuten ziehen lassen.

Gänseblümchen

Junge Blüten und Blätter, allerdings nur frisch, eignen sich als Salat. Ein Tee aus der getrockneten Pflanze hilft bei Atembeschwerden und Blasenleiden.

Mistel

Die Mistel ist ein immergrüner Halbschmarotzerstrauch, der auf Bäumen lebt und im März bis April gelbgrün blüht. Im Spätherbst sammelt man die zarten Zweige und Blätter und schneidet sie zum Trocknen klein. Die Mistel beeinflusst den Drüsenhaushalt und war schon in früherer Zeit als krampflösendes Mittel bei Epilepsie bekannt. Sie normalisiert und stabilisiert Kreislauf und Blutdruck. Misteltee wird kalt angesetzt und über Nacht stehen gelassen.

Dann wärmt man ihn auf und seiht ihn ab. Brühen oder Kochen vernichtet die Heilkräfte der Mistel!

Ringelblume

Die Ringelblume kann zwischen Juli und Oktober gesammelt werden. Die Blütenköpfe der Ringelblume benötigen etwas mehr Zeit zum Trocknen, man kann aber auch die schmalen Zungenblüten abzupfen, die schnell trocknen. Ringelblumen enthalten viele Flavonoide und ergeben einen kräftigenden, schweißtreibenden Tee. Er hilft bei Magen- und Darmbeschwerden, Gallenproblemen und schmerzhafter Menstruation.

Als stark duftende Trockensträußchen kann man die Ringelblume ins Badewasser hängen, um nach einem anstrengenden Tag richtig zu entspannen.

Schafgarbe

Diese Pflanze enthält sehr viele wirkungsvolle Inhaltsstoffe. Sie wird bis zu 60 cm hoch und ist leicht an ihren weißrosa Blütendolden zu erkennen. Blüten und Blätter werden abgezupft und getrocknet. Diese Heilpflanze behebt die Appetitlosigkeit, wirkt entzündungshemmend und hilft bei Stuhlverstopfung und Blähungen.

Ehrenpreis

Man sammelt nur die blauen Blüten im Sommer. Ehrenpreis eignet sich gut als Brusttee und beruhigt die Nerven, wenn man abgespannt ist. Für einen wirksamen Beruhigungstee kann man sich eine Mischung aus Baldrianwurzel, Ehrenpreis, Johanniskraut und Melisse herstellen.

Körner, Kerne und Nüsse

Getreide, Sonnenblumen- und Kürbiskerne, Leinsamen, Haselnüsse, Walnüsse – sie alle und noch mehr gehören in dieses Kapitel, wenngleich sie auch botanisch betrachtet nicht mehr gemeinsam haben, als Samen zu sein. Gemeinsam ist ihnen allen aber der hohe Eiweiß- und Fettgehalt (man bezeichnet sie daher auch als Vegetarierfleisch). Wir wollen sie vornehmlich naturbelassen verwenden, gemischt mit Dörrobst ergeben sie nämlich feine Knabbereien (Studentenfutter kennt jeder). Abgesehen vom Mais und eventuell Hülsenfrüchten aus dem eigenen Hochbeet, die sich gut dörren lassen, wird man in der Küche bei den Cerealien und Körnern natürlich auf die Angebote im Handel zurückgreifen, diese werden uns dort bereits getrocknet zur Weiterverarbeitung in der Küche angeboten. In diesem Kapitel geht es daher hauptsächlich um die Verwendung von getrockneten Körnern und Samen.
Beim Dörren ist Obst zwar eindeutig der Favorit, aber auch die Haselnuss, die Walnuss, die Kokosnuss: Sie alle lassen sich gut dörren, ebenso wie die vielen Getreidesorten. Gerade die Kokosnuss in dünne Scheiben geschnitten und getrocknet ist eine Spitzenzutat zum Abschmecken bei einigen Gerichten und Kombinationen, da muss man allerdings je nach Gusto selbst kreativ werden. Bei den heimischen Nussarten achtet man in erster Linie darauf, dass wirklich intensiv gedörrt und damit dem Dörrgut die Feuchtigkeit absolut entzogen wird, denn gerade bei unseren Nüssen nisten sich zu gern Sporen des Schimmelpilzes ein.
Wegen des erheblichen Fettgehaltes kann man die Wal- und Haselnüsse deshalb nicht ewig aufbewahren, da sie bei zu langer Lagerzeit immerhin leicht ranzig werden können. Einige der genannten Nüsse sind in unseren Breiten nur im Handel erhältlich; sie müssen importiert werden, wie Mandeln, Cashewkerne und Pistazien. Ich möchte sie hier deshalb nennen, weil sie wichtige Zutaten für manche Obstleder und andere hervorragende Rezepte sind.

Getreide

Der große Nährwert des Getreides beruht auf seinem hohen Stärke- und Eiweißgehalt. Heute können viele die verschiedenen Getreidesorten bzw. deren Ähren nicht mehr unterscheiden, wenn sie an Feldrainen und Getreidefeldern vorbeiwandern. Für die verstärkte Nutzung des natürlichen Vollkornes gibt es wichtige Gründe:

- Vollkornschrot enthält alle Nährstoffe des ganzen Getreidekorns wie Eiweiß, Pflanzenfett und Vitamin B, E sowie reichlich Mineralstoffe.
- Es besitzt einen hohen Anteil an pflanzlichen Ballaststoffen (Zellu-

Selbstgemachte Nussmischung für echte Snackliebhaber.

lose), die Stoffwechsel, Verdauung und Cholesterinspiegel regulieren.

- Es liefert leicht verdauliche Kohlenhydrate und enthält die für den Stoffwechsel unentbehrliche Fol- und Nikotinsäure.
- Unverpacktes Vollkornbrot bleibt in einem trockenen, belüfteten Brotkasten je nach Vollkornanteil bis zu zehn Tage frisch.

Vollkornmehl ist dunkler als Weißmehl, weil es auch die nährstoffreichen Randschichten des Getreides enthält. Wegen des Anteils an unverdaulichen Kohlenhydraten besitzen Vollmehlnahrungsmittel durchschnittlich zehn Prozent weniger Kalorien als solche aus Auszugsmehl.

Körner und Getreide sind vielseitig verwendbar: Gesunde Müslis lassen sich einfach zubereiten, Brot, Kekse und Kuchen können mit Vollkorn gebacken werden und Waffeln und Suppen mit Mais oder Hafer sind jedem bekannt.

Wer vorhat, Vollkornmehl zu verwenden, sollte die Anschaffung einer elektrischen Getreidemühle erwägen, weil nur frisch gemahlenes Getreide gute Ergebnisse bringt. Einige Erzeuger haben Mahlwerke auf den Markt gebracht, die alle Getreidearten sowie Mohn und Leinsamen verarbeiten können. Frisch geschrotetes Getreide enthält noch alle wertvollen Inhaltsstoffe, die sonst bei Lagerung rasch verlorengehen, und Brot nach Hausmacherart gebacken, ist fester, schmackhafter und sättigender als Mischbrot aus Auszugsmehl. Manche Bioläden bieten aber auch an, die gewünschte Getreidemenge gleich im Geschäft frisch zu mahlen.

Weizen

Man unterscheidet Hart- und Weichweizen, Vollwertweizen besitzt sehr viel Protein und nur diese Getreideart enthält genügend Kleber, damit der Brotteig auch richtig geht. Es ist daher empfehlenswert, bei allen Brotarten zumindest ein paar Esslöffel Weizenmehl dazuzugeben. Schale und Keimling sind der biologisch wichtigste Teil des Korns. Sie enthalten viel Vitamin E und B und einige Mineralstoffe, vor allem Magnesium.

Vollweizenbrot

500 g Vollweizenmehl
1 Tasse warme Milch
1 Päckchen Trockenhefe
1 TL Honig, 1 TL Öl
½ TL Salz

Zuerst Milch, Honig und die Hefe verrühren und ein paar Minuten ruhen lassen. Dann mit Öl, Salz und Mehl vermischen und auf einer gut bemehlten Unterlage kneten. Bedeckt etwa 1 Stunde an einem warmen Ort gehen lassen.

Zuletzt den Teig zusammenschlagen und einen Laib formen oder in eine gut gefettete Brotform geben und oben mit Öl einpinseln. An einem warmen Ort bedeckt nochmals gehen lassen und daran anschließend bei 200–250 °C backen.

Granola

1 Tasse Hafermehl
½ Tasse Weizenmehl
½ Tasse Sojamehl
3 EL Sonnenblumenkerne
2 EL Weizenkeime
2 Tassen Milch
Vanille
3 EL Honig
3 EL Öl
1 Prise Salz
½ Tasse Korinthen

Mehl, Sonnenblumenkerne und die Weizenkeime zusammenrühren. Daneben das Öl mit dem Honig und der Vanille erhitzen. Die heiße Flüssigkeit über die Mehlmasse gießen und gut verrühren. Nun die Milch langsam dazugießen und gut durchmischen.

Anschließend die Masse in eine beschichtete oder gut gefettete Pfanne geben und anrösten. Leicht salzen. Dabei mit einem Bratenwender lockern, leicht zerteilen, wenden, und gleichmäßig anbacken lassen. Je nach Geschmack bis zu 20 Minuten bräunen lassen.

Nach dem Abkühlen die Korinthen dazugeben und zusammen mit einem Glas kalter Milch servieren.

Einkorn

Seit ein paar Jahren wird von Biobauern und umweltbewussten Konsumenten Urgetreide wie Einkorn wieder entdeckt: Seine Körner verfügen durch ihre feste Umhüllung über einen passablen Schutz vor Umweltgiften, Schädlingen und Pilzbefall. Einkorn schmeckt würzig und angenehm nussig, für seine typische goldgelbe Farbe ist der hohe Anteil an Carotinoiden (vor allem Lutein und Zeaxanthin) verantwortlich. Damit leistet Einkorn einen wertvollen Beitrag für gutes Sehvermögen und ein gesundes Herz-Kreislauf-System. Sein hoher Anteil an den Aminosäuren Phenylalanin und Tyrosin fördert die geistige Leistungskraft. Allein schon wegen der hohen Anteile an Magnesium, Eisen und Zink und der beachtlichen Menge an Ballaststoffen wollen wir unser leckeres Morgenmüsli mit Einkorn anrichten.

Morgenmüsli

30 g Einkorn
¼ l Milch, 1 EL Zitronensaft
20 g getrocknete Äpfel
10 g Haselnüsse, grob gerieben

Das Einkorn mahlen oder schroten und in wenig Wasser einrühren. Die Dörräpfel kleinschneiden und dazugeben, dann 1–2 Stunden abgedeckt stehen lassen. Zuletzt fügt man Zitronensaft und die Haselnüsse dazu und verfeinert mit einer halben Tasse Milch.

Das Müsli kann ganz nach Gusto und vorhandenen Vorräten mit verschiedenen Getreidearten, Nüssen und zusätzlichen gedörrten Früchten erweitert werden.

Roggen

Roggen ist ein wichtiger Bestandteil des Schwarzbrotes und immer noch das wichtigste Brotgetreide. Er reift früher als andere Getreidesorten und ist sehr ergiebig. Roggenmehl gibt jedem Brot einen leicht säuerlichen Geschmack. Meist setzt man dem Roggenmehl einen kleinen Anteil Weizenmehl zu und erhält so das übliche Mischbrot.

Diese Getreidesorte kann auch wie Reis zubereitet werden. Dazu muss man die Körner nur etwa 4 Stunden vor dem Kochen einweichen.

Honigkuchen

je 1 Tasse Honig, Schmand
½ Tasse Zucker
½ TL Kardamom
4 Eier
je 25 g getrocknete Pflaumen, Aprikosen, Apfelringe und Feigen
3 Tassen Mehl
1 Päckchen Backpulver
Lebkuchengewürz
½ Tasse gehackte Haselnüsse oder Mandeln

Für den Teig Honig, Zucker, Schmand, Kardamom und die Eier gut durchmixen. Inzwischen Trockenfrüchte für die Füllung einige Stunden in Wasser einweichen. Mehl, Backpulver und Lebkuchengewürz vermischen, über die Honigmischung sieben und zu einem Teig kneten.

Backblech mit Butter bestreichen und mit Mehl bestäuben. Teig halbieren, Hälfte aufstreichen und abgetropfte Früchte und Nüsse als Füllung darauf geben. Rest des Teigs darübergeben und bei 175 °C im vorgeheizten Backofen ca. 50 Minuten backen. Den fertigen Honigkuchen in Stücke schneiden, je nach Vorliebe in flüssige Schokolade tauchen oder mit Zitronenguss bestreichen.

Hafer

Mit Haferflocken lassen sich viele gute und nahrhafte Gerichte herstellen, wie Müsli, Porridge, Pfannkuchen und Haferbrei. Hafer besitzt einen geringeren Eiweißanteil als Weizen, enthält dafür aber mehr Kohlenhydrate und Fettsäuren.

Frühstücksplätzchen

3 Tassen Haferflocken
½ Tasse Sonnenblumenkerne oder Sesam
4 Äpfel, klein gehackt
½ Tasse Honig
½ Tasse Sonnenblumenöl
1 Tasse Korinthen
2 TL Vanillezucker
Schale einer ungespritzten Zitrone

Alle Zutaten verrühren und dann 1 Stunde stehen lassen, damit die Haferflocken quellen können. Dann die Masse mit einem Löffel zu kleinen Plätzchen geformt auf Backtrennpapier auftragen und zügig dörren. Wer den Geschmack mag, kann auch ein bisschen Koriander daran geben.

Besonders lecker schmecken diese Naturkostplätzchen – nicht nur zum Frühstück – mit einer kleinen frischen Sahnehaube.

Dinkelmüsliriegel

80 g Dinkelflocken
40 g feine Haferflocken
40 g grobe Haferflocken
40 g Weizenvollkornmehl
je 75 g Kokosflocken, gemahlene Mandeln, Sesamsamen, Rosinen
50 g Sonnenblumenkerne
½ TL Vanillepulver
ca. 100 g flüssiger Honig
Wasser nach Bedarf
60 ml Sonnenblumenöl
etwas Salz

Die Hafer- und Dinkelflocken in der Flockenquetsche frisch zubereiten und mit Mehl, Kokosflocken, Mandeln, Sesamsamen, Sonnenblumenkernen, Rosinen, Vanillepulver und Salz in einer Schüssel gut durchmischen. Honig, Wasser und Öl hinzufügen und alles gründlich verkneten.

Ein Blech einfetten, die Masse auf dem Blech mit einem Nudelholz auswalken. Bei 160 °C im Ofen 30–40 Minuten backen. Die Hitze ausschalten und die Masse noch etwas nachtrocknen lassen, danach mit einem scharfen Messer in schmale Rechtecke (etwa 4 × 8 cm) schneiden. Vorsichtig auf ein Kuchengitter setzen und auskühlen lassen.

In einer Blechdose aufbewahren. Die anfangs leicht brechenden Teigstücke werden nach dem Auskühlen fest.

Haferflockencookies mit Aprikosen

125 g Butter
2 Tassen Zucker
2½ Tassen Mehl
1 TL Backpulver
2 Tassen Haferflocken
1½ Tassen getrocknete Aprikosen
½ Tasse gehackte Walnüsse
2 Eier, 1 Prise Salz

Den Backofen auf 200 °C vorheizen. Butter und Zucker schaumig rühren, Eier dazugeben und gut schlagen. Das Mehl, Backpulver und Salz darangeben. Gut verrühren. Die getrockneten Aprikosen inzwischen in Wasser weichen lassen.

Die Haferflocken, Aprikosen und Walnüsse einrühren. Aus dem Teig kleine Bällchen formen und auf ein leicht eingefettetes Blech geben. Jedes Bällchen mit dem Boden eines Trinkglases flach drücken. Die Cookies 10–12 Minuten backen. Luftdicht lagern oder einfrieren.

Rosinencookies

3 Tassen Haferflocken
1 Tasse Rosinen (evt. Dörrzwetschen)
125 g Butter, ausgelassen
1 Tasse brauner Zucker
½ Tasse Zucker
1 Tasse Mehl
1 TL Zimt, 1 Prise Salz
1 TL Vanillepulver
1 TL Backpulver
6 EL Milch
1 Ei

Den Backofen auf 200 °C vorheizen. Butter, braunen Zucker, Milch und Zucker, Ei und Vanillepulver gut verrühren. Schlagen, bis die Masse leicht und flaumig ist. Mehl, Zimt, Backpulver und Salz vermischen. Zur Buttermasse dazugeben und sehr gut vermischen.

Nun die Haferflocken und Rosinen einrühren. Esslöffelgroße Teigbällchen auf ein eingefettetes Blech geben und flach drücken. 12–15 Minuten herausbacken, vom Blech nehmen und auf einem Rost auskühlen lassen.

Tipp: Anstatt der Rosinen lassen sich auch gut entsprechend zerkleinerte Dörrzwetschen verwenden.

Leckere Fruchtkekse

2 Tassen Vollwertmehl
2 Tassen Haferflocken
½ Tasse brauner Zucker
½ TL Backpulver
1 Tasse gehackte Trockenfruchtmischung (was vorrätig ist)
1 knappe Tasse Maisöl
½ Tasse Buttermilch
½ TL Salz

Alle trockenen Zutaten samt den Trockenfrüchten in einer großen Schüssel vermengen. Öl und Buttermilch dazugeben und gut verrühren. Ruhen lassen. Die Masse etwa 1 cm dick ausrollen und runde Kekse ausstechen.

Auf ein gefettetes Blech geben und im Backofen bei 200 °C etwa 15–20 Minuten backen. Die leckeren Fruchtkekse auf einem Rost auskühlen lassen.

Dinkel

Dinkel ist ein Urgetreide und gehört zu den ältesten Getreidearten der Menschheit. Es besitzt die gleichen guten Backeigenschaften wie Weizen und hat ein feines nussartiges Aroma. Als vitamin- und eiweißreichstes Getreide ist es ideal für eine gesunde Ernährung. Aufgrund seines hohen Ballaststoffgehalts sättigt es lange und garantiert dem gesamten Organismus einen konstanten Zufluss an Energie. Besonders eigenen sich Dinkelprodukte für Vegetarier, die vermehrt auf eine ausreichende Proteinaufnahme achten müssen. Zudem verursacht Dinkel im Vergleich zu anderen Getreidearten keine Allergie.

Dinkel-Bällchen

100 g Dinkel, geschrotet
¼ l Brühe
2 kleine Zwiebeln, gewürfelt
2 Knoblauchzehen
2 Eier
2 EL Quark
2 EL Semmelbrösel oder geriebenen Käse
etwas Petersilie, fein gehackt
Salz und Pfeffer

Brühe mit geschrotetem Dinkel kurz aufkochen, 15 Min. quellen und dann leicht abkühlen lassen. Zwiebel,

Selbstgebackenes Vollkornbrot. Wer häufig selbst bäckt, sollte sich eine Getreidemühle zulegen.

Quark, Ei, Semmelbrösel oder Käse unterrühren. Das Ganze kräftig abschmecken.

4 Kugeln formen, in heißes Öl geben, mit dem Pfannenwender andrücken und herausbraten. Man kann sie mit Senf oder Ketchup servieren.

Gerste

Gerste eignet sich zwar nicht zum Brotbacken, kann dafür aber als Ersatz für Naturreis dienen. Der größte Anteil der Welternte an Gerste dient als Viehfutter, weniger Bedeutung hat die Verarbeitung zu Graupen (geschälte Körner), Grütze (gebrochene Körner) oder Kaffeesurrogat (dabei wird gekeimte Gerste geröstet zu Malzkaffee).

Da Gerste aber von allen Getreidesorten die meiste Stärke enthält, hat sie ihre größte Bedeutung als Braugerste.

Gemüsetopf

1 Tasse Gerste
1 EL Sojaschrot
2 EL Dörrkarotten
2 EL getrocknetes Suppengemüse
½ Tasse Trockenpilze
2 EL Öl
etwas Salz, Kümmel
2 Schalotten, klein gehackt

Gemüse und Pilze einweichen. Die Gerste mit dem Sojaschrot und etwas Salz kochen. Dann in einem flachen Topf Öl, Kümmel, die Schalotten und etwas Salz erhitzen.

Nun die abgetropften Gemüse und Pilze zugeben und andünsten. Zuletzt die gekochte Gerste unterheben und zusammen mit dem Gemüse unter Zugabe des Einweichwassers gar dünsten und würzig abschmecken.

Leinsamen

Lein wurde früher in großen Mengen angebaut zur Flachsgewinnung. Die Samenkörner sind ölhaltig und reich an Protein. Das Öl wird aber wegen seines aufdringlichen Geschmacks hauptsächlich in der Industrie verwendet. Im Haushalt spielt Leinsamen bei Rezepten für Obstleder eine ähnliche Rolle wie Sesam. Beide Samenarten kann man bei Fruchtmischungen zum Andicken heranziehen, um die Konsistenz des Früchtebreis zu festigen. Es empfiehlt sich aber, sparsam damit umzugehen, weil die Waffeln oder Fruchtmischungen leicht zu hart werden.

Leinsamenomelett

1 Tasse Milch
2 EL Honig
1 EL Öl
½ Tasse Leinsamenschrot
½ Tasse Vollwertmehl
1 TL Backpulver
1 geschlagenes Ei
etwas Salz

Milch, Öl und Honig mit dem Ei verrühren. Die restlichen Zutaten dazugeben. Gut durchmischen. Bei mittlerer Hitze in einer gut gefetteten Pfanne herausbacken.

Körnerwaffel

Dies ist vor allem ein Rezept für Leute, die gerne experimentieren und Neues entdecken wollen.

Roggen, Sesam, Leinsamen, Nüsse und Haferflocken werden zu etwa gleichen Teilen vermischt und alles mit Wasser und 2 Esslöffel Rosinen im Mixer grob püriert. 2 Esslöffel Honig dazugeben, bis eine zähe Masse entsteht.

Diese trägt man auf Backtrennpapier auf, trocknet sie auf einem Trockensieb zügig und schneidet die getrocknete Paste in kleine Quadrate oder Rauten.

Als Zutaten für die Körnerwaffel eignen sich besonders: Luzerne, Gerste, Mais, Mandeln, Sesam, Weizen, Roggen, Leinsamen, Hirse und Buchweizen. Eine besondere Geschmacksnote: Zugabe von gehackten Äpfeln.

Mais

Mais wird bei uns in erster Linie als Futterpflanze für Tiere angebaut. Es gibt aber auch süße Maissorten, die als Speisemais besonders geeignet und beliebt sind. Im Garten lässt sich Zuckermais so einfach wie Sonnenblumen anbauen; ein paar Quadratmeter in der hinteren Gartenecke genügen. Die Hauptsache ist, es gelingt, die Vögel bis zur Ernte von den Körnern abzuhalten. Will man den Mais frisch essen, so erntet man die noch unreifen Kolben, die sich in der „Milchreife“ befinden. Die Körner sind noch weich und zuckerhaltig und brauchen meist nicht einmal gekocht zu werden, son-

Einfach am Kolben getrocknet.

Man kann die Körner aber auch vor dem Dörren vom Kolben streifen und auf Sieben trocknen.

dern können frisch und saftig vom Kolben geknabbert werden.

Zum Trocknen lässt man den Mais an der Pflanze ausreifen. Das Trocknen geht einfach vor sich: Die ganzen Kolben werden gedörrt, indem man sie in Bündeln aufhängt. Danach lassen sich die Körner leicht ablösen. Mit einer Hand hält man dazu den Kolben an einem Ende fest und dreht ihn mit der anderen Hand: Die Körner fallen leicht in eine bereitgestellte Schüssel. Mit einer Getreidemühle lassen sie sich zu Maismehl vermahlen und vielseitig verwenden. In Wasser aufgeweichter Mais schmeckt besonders süß und kann hervorragend für Suppen und Salate verwendet werden.

Maischips

2 Tassen frische Tomaten, zerkleinert
2 Tassen Trockenmais
$\frac{1}{4}$ Tasse gehackte Zwiebel
3 Knoblauchzehen, zerdrückt
$\frac{1}{2}$ Tasse Leinsamenschrot
2 TL Öl
1 TL Cayennepfeffer
etwas getrocknetes Dillkraut
Meersalz

Die Zutaten außer Mais und Leinsamen in einer Schüssel mischen, danach mixen, bis ein schöner Brei entsteht. Inzwischen den getrockneten Mais fein mahlen und in einer anderen Schüssel zusammen mit gemahlenem Leinsamenschrot vermischen.

Die Mais-Leinsamenmischung in die Schüssel mit den pürierten Tomaten einrühren. Die Masse auf Backtrennpapier auftragen und dörren. Sind die Chips einigermaßen getrocknet, das Papier entfernen und auf dem normalen Dörrschrankeinsatz weitertrocknen, bis sie ganz knusprig sind.

Polenta

200 g Maismehl
2 TL Salz
3 TL geriebener Hartkäse
1 l Wasser, etwas Butter

Salzwasser zum Kochen bringen und das möglichst grießartig gemahlene Maismehl langsam einrühren. Etwa 30 Minuten unter laufendem Umrühren kochen lassen, bis der Brei eindickt und trocken wird, dann locker in eine feuerfeste Glasform füllen, mit Butterflocken belegen und mit Käse bestreuen. Einige Minuten im Backofen bei Oberhitze überbacken.

Mit Tomatensauce oder als Beilage zu Braten servieren.

Maisbrot

1 kg Maismehl
3 EL Weizenmehl
2 TL Backpulver
4 Eier
1 l warmes Wasser

Mais- und Weizenmehl mit dem Backpulver mischen und das Wasser dazugießen. Eier darangeben und den Teig kräftig kneten. Anschließend lässt man ihn ein paar Stunden an einem kühlen Ort stehen, damit die Stärke darin aufgeschlossen und das Brot später lockerer wird. In einer vorgewärmten Brotform bäckt man dann bei etwa 200 °C ca. 45 Minuten.

Maisküchle

1 Tasse Milch
½ Tasse Maismehl
½ Tasse Weizenmehl
1 TL Backpulver
1 TL Honig, 1 TL Öl
etwas Salz
1 geschlagenes Ei
2 TL Sojamehl, grob

Milch, Honig, Backpulver, Öl und Salz mit dem geschlagenen Ei verrühren. Mais- und Weizenmehl einrühren und zuletzt das Sojamehl darangeben. Alles gut verrühren und 10 Minuten stehen lassen. Dann aus dem Teig Plätzchen formen und in einer gut gefetteten Bratpfanne knusprig herausbacken.

Hülsenfrüchte

Hülsenfrüchte (Leguminosen) sind die frischen oder auch getrockneten Samen von Erbsen, Linsen, Bohnen und Sojabohnen. Sie sind über die ganze Welt verbreitet und dienen – besonders in Asien und Afrika – als preiswerte, aber wertvolle Eiweißlieferanten. Die Hülsenfrüchte sind darüber hinaus auch für Diabetiker von großem Vorteil, weil der menschliche Körper die in ihnen enthaltenen Kohlehydrate nur langsam verdauen kann und sie so nur schubweise als umgewandelter Zucker in den Blutkreislauf gelangen.

Hülsenfrüchte kann man – vorausgesetzt, sie wurden fachgerecht gedörrt – in gut verschlossenen Behältern an einem trockenen Ort praktisch jahrelang aufbewahren, ohne dass die Qualität des Nahrungsmittels darunter leiden würde. Man sollte allerdings niemals frische mit gedörrten Produkten mischen, da sie völlig unterschiedliche Garzeiten benötigen.

In rohem Zustand lassen sich praktisch nur ganz junge Erbsen genießen, da reife Hülsenfrüchte über teilweise giftige Begleitstoffe verfügen, die erst mit dem Kochen dauerhaft unschädlich gemacht werden.

Getrocknete Bohnen muss man mindestens sechs bis acht Stunden vor der Weiterverarbeitung einweichen, am besten geschieht dies über Nacht.

Sojabohnen

Im Zuge der ganzheitlichen, naturbezogenen Ernährung, die in den letzten Jahren viele Anhänger gefunden hat und durch die vielen Fleischskandale vermutlich noch mehr Zulauf bekommen wird, hat die Sojabohne und ihre ganze Bandbreite an Verwendungsmöglichkeiten unglaublich an Bedeutung gewonnen. Diese je nach Art meist gelbe, grüne, braune, schwarze oder gesprenkelte Hülsenfrucht wird heute zu zahlreichen Produkten verarbeitet:

Sojasauce ist wohl am bekanntesten; sie wird durch Vergären der ganzen Bohnen gewonnen und dient als vielfältig einsetzbare Würze vornehmlich für Fleischspeisen.

Miso ist eine Sojabohnenpaste, die durch Vergären von Sojabohnen, Reis und Kochsalz entsteht. Miso lässt sich gut als Basis für Suppen, Eintöpfe und Brühen verwenden oder auch anstatt der Sojasauce in Saucen und Dips.

Sojamilch enthält beinahe soviel Eiweiß wie die Kuhmilch. Sie dient als

Grundlage für die Herstellung von Sojaquark, Sojajoghurt und Tofu. Es gibt auch Diätkuren, die auf Sojamilch basieren.

Sojabohnenkeimlinge (Sprossen) liefern viel Vitamin C, aber auch Eiweiß, das besonders dann vom Körper leicht aufgeschlossen werden kann, wenn man die Keimlinge vor dem Verzehr kurz in Fett andünstet.

Tofu wird mit Hilfe von Mikroorganismen aus Sojamilch gewonnen und ähnelt unserem Weichkäse, schmeckt sehr mild und ist in Naturkostläden und Reformhäusern zu bekommen. Tofu lässt sich durch seine Geschmacksneutralität hervorragend für die Bereitung von Frikadellen, für Salate, Suppen und Saucen verwenden.

Sojanüsse sind fritierte Sojabohnen; es gibt sie gesalzen und ungesalzen im Handel.

Sojaflocken entstehen aus gerösteten, flach gepressten Sojabohnen.

Sojamehl wird aus gedörrten Sojabohnen erzeugt und kann zum Backen herangezogen werden. Da diese Mehlform allerdings kein Klebereiweiß enthält, muss es beim Backen immer mit anderen, herkömmlichen Mehlen vermischt werden. Sojamehl eignet sich ausgezeichnet als Suppenbasis, für Saucen oder als Fleischersatz. Es lassen sich damit gesunde und wohlschmeckende vegetarische Bratlinge herstellen.

Linsen

Schon in der Bibel wird von ihnen gesprochen: Esau verschacherte sein Erstgeburtsrecht für einen Teller Linsensuppe mit Brot an seinen Bruder Jakob. Hülsenfrüchte und Getreideprodukte bilden seit Menschengedenken eine nahrhafte Kombination. Dieses Gemüse ist eine uralte, orientalische Kulturpflanze und wird vor allem in den Mittelmeerländern und in Rumänien angebaut. Die bauchigen Schoten enthalten jeweils zwei Kerne.

Linsen kommen bei uns bereits in getrocknetem Zustand in den Handel, enthalten relativ viel Eiweiß und Kohlehydrate sowie einen bedeutsamen Kalziumanteil. Da die Pflanze in gewissen Grenzen frostbeständig ist und am besten in einem gemäßigten, feuchten Klima gedeiht, lassen sich einige Sorten wie z. B. die ‘Grüne von Puy‘ durchaus auch bei uns anbauen, sie braucht allerdings viel Kalk und Phosphor.

Die Linsen ergeben eine hervorragende, vielseitige Winterkost, wie schmackhafte Eintöpfe, Suppen und süßsaure Gerichte.

Linsensuppe

2 Tassen Linsen
1 l Wasser
1 EL Vollwertmehl
1 Knoblauchzehe, klein gehackt
1 abgetropfte Dörrkarotte in Schnitzen
2 EL frische Selleriewürfel oder
1 EL getrocknete Sellerieschnitze, 2 h vorher eingeweicht
2 EL gehackte Petersilie
2 Zwiebeln, grob geschnitten
etwas Cayennepfeffer, Thymian, Majoran, Salz

Die Linsen mit den Zwiebeln gemeinsam etwa 40 Minuten kochen, bis sie weich sind. Die Karotten und den Sellerie mit etwas Zwiebeln in einer

Pfanne leicht andünsten. Das Mehl einrühren, mit Brühe oder Kochwasser der Linsen ablöschen, Linsen und Petersilie dazugeben und mit den Gewürzen abschmecken.

Mit gerösteten Weißbrotscheiben servieren.

Linsensalat

1 Tasse Linsen
1 EL Olivenöl
1 EL Tamarisauce
3 Tassen Wasser
1 Zwiebel
2 Tomaten, kleingeschnitten
1 Knoblauchzehe, zerdrückt
Thymian, Saft einer halben Zitrone

Die Linsen mit dem Wasser etwa 40 Minuten mit etwas Thymian weich kochen und abtropfen lassen.

Aus den übrigen Zutaten eine Salatsauce mischen und über die heißen Linsen geben. Zugedeckt ziehen und abkühlen lassen.

Überbackene Linsen

500 g Linsen
1 Lorbeerblatt, 1 TL Salz
3/4 l Wasser
1 Msp. Ingwerpulver
1 TL Senfkörner, gemahlen
1 EL Sojasauce
20 g getrocknete Zwiebeln oder 2 gehackte Frischzwiebeln
250 g Rauchfleisch in 2 cm großen Stückchen
1/3 Tasse Honig

Die Linsen mit dem Lorbeerblatt, Salz und dem Wasser zum Kochen bringen und 30 Minuten köcheln lassen. Das Lorbeerblatt entfernen.

Inzwischen mischt man Gewürze, Sojasauce und Zwiebeln miteinander und gibt alles an die Linsen. Nun wird das Fleisch darangegeben und nach kräftigem Umrühren alles in eine Backform gegossen. Anschließend gießt man den Honig darüber und bäckt alles bei 180 °C 1 Stunde lang im Backofen. Die letzten 15 Minuten aufgedeckt lassen, damit das Rauchfleisch bräunt. Am besten mit heißem, gebackenem Reis servieren.

Keimlinge und Sprossen

Die Getreidearten und Hülsenfrüchte sind seit Menschengedenken die wichtigste Nahrungsgrundlage bei allen Völkern. Gekeimte Körner waren und sind besonders bei den Chinesen für gesunde Mahlzeiten und medizinische Therapien bekannt; Sojasprossen oder Luzernekeimlinge kennt jeder aus der chinesischen Küche. Die Keime der Getreide und Hülsenfrüchte sind besonders hochwertig, eiweißreich und liefern rasch neue Energie. Daneben sind sie nahrhaft, leicht verdaulich und vor allem auch zu Hause auf einfachste Weise herzustellen.

Gekeimte Samen besitzen einen hohen Nährwert, ihr frisches Geschmacksbild entspricht dem der späteren Frucht. Schon nach kurzer Keimzeit vervielfacht sich der Gehalt an Vitamin A, B und C, die Enzyme fördern den Stoffwechsel und die enthaltenen Spurenelemente wie Kalium, Eisen und Jod steigern das Wohlbefinden.

Selbst gezogene Sprossen sind erheblich billiger als die Gemüse des

Selbst gezogene, frische Sprossen besitzen einen hohen Nährwert, die Anzucht zu Hause gelingt immer und ist denkbar einfach.

Marktangebots und außerdem frischer als jede Fertigware. Sprossennahrung ist Supernahrung, da die Samenkörner alle wertvollen Nahrungsreserven für die Wachstumsphase der Pflanze enthalten.

Die Sprossenzucht zu Hause geht denkbar einfach vor sich:

Am einfachsten nimmt man hierfür ein Einweckglas von 1 l Inhalt und füllt es mit etwa ½ Tasse gereinigter Bohnenkerne (oder anderer Samen). Dann gießt man das Glas mit sauberem Wasser voll und lässt die Bohnen über Nacht weichen. Das Glas deckt man dabei mit einem luftdurchlässigen Gazestoff oder feinem Nylonnetz ab, das man mit einem Gummiband um den Glasrand befestigt. Schon am nächsten Tag haben sich die Bohnen vergrößert, das heißt, der Keimprozess hat begonnen. Nicht keimfähige Bohnen, also solche, die in der Einweichphase nicht gewachsen sind, sondert man aus.

Nun gießt man das Einweichwasser ab und lässt das Glas mit den Bohnenkeimen mit der Seite nach unten an einem Platz stehen, der warm und nicht allzu hell ist. So haben die Keimlinge mehr Platz für die Triebe. 2–3 mal pro Tag wässert man die Keimlinge nun jeweils 15 Minuten in lauwarmem Wasser. Die Bohnen sollen ab jetzt immer feucht gehalten werden, aber nicht im Wasser schwimmen. Bald sprengen die Bohnen ihre Außenhaut ab, die man entfernt.

Auch an den folgenden Tagen keimen die Bohnen weiter in ihrem Weckglashäuschen und man wässert sie mehrmals täglich auf die vorhin beschriebene Art. Bald wird aus der halben Tasse Bohnenkerne ein Glas voller Sprossen. Entscheidend für einen gesunden Wachstumsprozess sind genügend Feuchtigkeit, gleichmäßige Temperatur und ausreichende Luftzirkulation. Direkte Sonnenbestrahlung ist unbedingt zu vermeiden, indirektes Licht oder eine dunkle Zimmerecke sind vorzuziehen.

Die Bohnenkeimlinge sind dann gebrauchsfähig, wenn sie so lang wie die Kerne geworden sind. Vor der Weiterverarbeitung kann man sie jetzt ein paar Stunden dem Tageslicht aussetzen, damit die Chlorophyllbildung richtig in Gang kommt.

Grundsätzlich eignet sich jede Getreide- oder Hülsenfruchtart zum Ziehen von Keimlingen. Je nach Art der Saat dauert es dabei 4–10 Tage, bis die Sprossen verwendungsfähig sind. Keimlinge können frisch verzehrt werden, müssen dann allerdings gut gekaut werden, man kann sie aber auch Suppen, Salaten und Joghurtspeisen beimischen. Auch als Müslibasis sind besonders die beliebten Weizenkeime zu empfehlen.

Welche Saatarten lassen sich nun für die Sprossenzucht hernehmen? Zunächst einmal die Rote oder Grüne Sojabohne, Luzerne (Alfalfa), Getreidekörner (Roggen, Weizen, Gerste), Sonnenblumen, Kresse, Linsen und Kichererbsen, um nur einige zu nennen. Schnellwachsende Kresse (*Lepidum sativum*) und Luzerne lassen sich unkompliziert auf Watte oder auf einem feuchten Tuch keimen. Im Handel sind für diesen Zweck sehr gute Keimgeräte wie bioSnacky oder Keimli erhältlich, die einem die Arbeit erleichtern, ausgezeichnete Qualität und außerdem größere Mengen an Keimlingen liefern.

Sprossensandwich

2 Scheiben helles Vollkornbrot
1 Scheibe Emmentaler
Butter
Weizensprossen (oder andere)
Tamarisauce

Jede Scheibe dünn mit Butter bestreichen. Eine Brotscheibe mit der Butterseite nach unten in eine Pfanne legen, Käse und Sprossen darauflegen und die zweite Brotscheibe mit der Butter nach oben daraufgeben.

Leicht anrösten, dann das Sandwich umdrehen und ebenso verfahren. Dies lässt sich natürlich auch einfach in einem Klapptoaster durchführen. Vor dem Servieren etwas Tamarisauce darüberträufeln.

Sojasprossensalat mit Broccoli

300 g Broccoli
4 rohe Pilze (Champignons)
Sojasprossen
1 Natur-Joghurt
3 EL Bavaria-Blue-Käse
1 TL Zitronensaft
Salz, Pfeffer aus der Mühle

Zuerst zerteilt man die Broccoliröschen etwas und schneidet die Stengel dünn. Die gereinigten Pilze schneidet man in Scheiben. Dann mischt man Pilze, Broccoli und Sprossen zusammen.

Aus dem Joghurt, dem zerbröselten Käse und dem Zitronensaft sowie Salz und Pfeffer nach Bedarf rührt man ein Salatdressing an, das man über den fertigen Sprossensalat gießt.

Auch unter frische grüne Salate gemischt schmecken Sojasprossen lecker.

Zwiebelsuppe

3 EL Sonnenblumenöl
200 g geraspelte Karotten
300 g Zwiebeln
40 g Vollwertmehl
1 l Gemüsebrühe
2 EL Kresse-, 4 EL Luzernesprossen
2 EL geriebener Käse
Gewürze

Das Öl erhitzt man in einer großen Pfanne und gibt die Karotten und die fein gehackten Zwiebeln daran. Nun dünstet man, bis das Gemüse weich ist. Dann rührt man das Mehl ein und gießt langsam mit Brühe auf, sodass die Schwitze dabei nicht klumpt.

Zuletzt gibt man die Sprossen und den geriebenen Käse dazu und schmeckt die Suppe ab. Dazu reicht man frisches Toastbrot.

Bauernsuppe mit Linsensprossen

100 g Sojabratlinge
$1\frac{1}{2}$ l Gemüsebrühe
1 EL Petersilie, 1 TL Thymian
1 Tasse Linsensprossen
1 Zwiebel, fein gehackt
200 g gekochte Kartoffeln
etwas Rauchfleisch

Die Sojasteakli zerkleinert in einer großen Pfanne mit der Gemüsebrühe und der Zwiebel 20 Minuten köcheln lassen. Nun die gekochten Kartoffeln pürieren und mit den Rauchfleischstückchen darangeben. Abschmecken und 10 Minuten weiterköcheln lassen. Zuletzt die Sprossen darangeben und mit Knoblauchröstbrot oder Toast servieren.

Sonnenblumenkerne

Sonnenblumenkerne sind in der Küche vielseitig verwendbar, wenn man die dekorative Gartenpflanze im Herbst nicht den Vögeln überlassen möchte.

Zum Trocknen kann man entweder die ganzen Köpfe der Sonnenblume abschneiden und an einem luftigen Ort vor Vögeln geschützt zum Trocknen aufhängen oder man streicht, am besten mit dem Daumen, die Kerne aus den Köpfen und trocknet sie auf dem Trockensieb.

Sonnenblumenkerne werden dem Brotteig untergemischt und ergeben ein sehr schmackhaftes Brot, das sich lange frisch hält. Auf das geformte Brot oder die Brötchen gestreut und mitgebacken, wirken sie dekorativ und geben dem Brot einen kräftigen Geschmack.

Geröstete Sonnenblumenkerne sind eine eiweißreiche Ergänzung, wenn sie unter grünen Salat gemischt werden.

Aprikosenmüsli

50 g Haferflocken
20 g getrocknete Apfelschnitze
30 g getrocknete Aprikosen, gehackt
10 Weizenschrot

10 g Sonnenblumenkerne
4 TL Milchpulver
15 g angeröstete Weizenkeime
15 g Rosinen
1 Msp. Salz
Honig
Milch

Die Zutaten werden sorgfältig vermischt und mit Honig und Milch nach Geschmack verrührt.

Bei dieser Abwandlung eines alten Schweizer Rezeptes kann man natürlich auch mit anderen Trockenfrüchten wie Beeren oder Bananen experimentieren. Auch die Weizenkeime lassen sich gut durch Haselnüsse oder Mandelsplitter ersetzen.

Amaranth-Riegel

40 g Kokosöl
50 g Honig
30 g Datteln, mit der Schere kleinschneiden
30 g Mandelsplitter
20 g Sonnenblumenkerne
15 g ungesalzene Erdnüsse
30 g Knuspermüsli
20 g Puffamaranth
15 g Sultaninen
1 Prise Salz
1 TL Zimt

Die Erdnüsse schälen und zusammen mit den ganzen Saaten, Sultaninen, Amaranth und Salz mischen. Öl mit Zimt und Honig erwärmen und diese Mischung zu den übrigen Zutaten geben, alles gründlich mit einem Holzlöffel durchmischen.

Diese Masse auf ein Dörrsieb auftragen und bei etwa 40 °C bis zum gewünschten Trocknungsgrad dörren lassen. Anschließend in Stücke schneiden oder brechen.

Ohne Dörrgerät geht's auch, dann streicht man die Masse fingerdick auf eine mit Backpapier ausgelegte Backform und bäckt diese bei 180 °C im vorgeheizten Backofen ca. 20–30 Min. Ist die Masse erkaltet, schneidet man sie zum Verzehr in Riegel.

Kürbiskerne

Sie lassen sich leicht trocknen und anrösten. Sie sind dann eine gesunde Knabberei. Kaltgepresstes Kürbiskernöl ist ein erstklassiges Salatöl. Wie Sonnenblumenkerne können sie zum Backen und Kochen verwendet werden, z. B. unter Reis gemischt anstelle von Pistazien oder Pinienkernen (s. Mazedonisches Pilau und Gebratene Eier mit Reis). Auch über grüne Salate wie Ackersalat gestreut, schmecken Kürbiskerne gut.

Sesamriegel

2 Tassen Sesamsamen
1 Tasse Kürbiskerne
$^{1}/_{2}$ Tasse Honig
etwas heißes Wasser

Honig und Wasser mischen und die Samen und Kerne einrühren, bis die Mischung dickt. Danach auf eine Folie auftragen und dabei vorsichtig verteilen, denn diese Mischung wird leicht bröselig. Mit einem angefetteten Messer schon jetzt kleine Rechtecke (Riegel) darin markieren. Dörren lassen.

Sobald die Sesamriegel angetrocknet sind, die Folie entfernen, die Riegel wenden und weiterdörren, bis sie knackig sind. An den vorgeschnittenen Linien brechen und fertig trocknen. Der Fantasie an Körner- und Gewürzkombinationen für diese Knabberriegel sind praktisch keine Grenzen gesetzt, man kann Sonnenblumenkerne oder Nüsse anstatt der Kürbiskerne verwenden, Dattel-, Pflaumen-, Aprikosen- oder Rosinenstückchen dazugeben und mit Zimt oder Zucker den Geschmack beeinflussen.

Weintraubensalat mit Kürbiskernen

200 g grüne Weintrauben
200 g blaue Weintrauben
2 Äpfel
Saft einer Zitrone
1–2 EL Honig
1 kleines Glas Orangenlikör
3–4 EL Kürbiskerne, geschält

Kürbiskerne in etwas Butter rösten. Mit den halbierten Trauben und den klein geschnittenen Äpfeln mischen. Aus Honig, Zitronensaft und Likör eine Marinade bereiten und über den Salat gießen.

Anstelle der Kürbiskerne können Sie auch Sonnenblumenkerne verwenden.

Mazedonisches Pilau

300 g Naturreis
3 EL gehackte Pistazien, Sonnenblumen- oder Kürbiskerne
3 EL Korinthen
4 EL Olivenöl
2 Zwiebeln, grob gehackt
3 EL getrocknete Tomaten, eingeweicht
1 TL Salbei
Petersilie, Zwiebelsalz
etwas Nelkenpfeffer
1 l Gemüsebrühe

Die Zwiebeln in Öl leicht andünsten. Den Reis mit den Pistazien dazugeben und 5 Minuten dünsten. Nun die übrigen Zutaten sowie die heiße Gemüsebrühe hinzufügen und bei schwacher Hitze alles zugedeckt etwa 45 Minuten dünsten. Vor dem Servieren mit den Gewürzen abschmecken.

Gebratene Eier mit Reis

1 Tasse Langkornreis
2 EL Pinien-, Kürbis- oder Sonnenblumenkerne
1 Zwiebel, gehackt
Pflanzenöl
Sojasauce
6 Eier
schwarzer Pfeffer, etwas Salz
150 g scharfer Käse, gerieben
2 EL Paniermehl
gehackte Petersilie

Die Zwiebel in Öl weich andünsten, den Reis einrühren und etwa 3 Minuten dünsten. Mit 2 Tassen heißem Wasser übergießen und nach Geschmack mit Sojasauce und Salz abschmecken. Köcheln lassen, bis das Wasser verdampft ist. Käse und Pinienkerne unterheben.

Eine flache Auflaufform gut einfetten und mit der Reismischung füllen. Nun die Eier über den Reis schlagen, mit Salz und Pfeffer bestreuen. Zuletzt folgt noch eine dünne Lage Paniermehl.

Bei 150 °C 20 Minuten backen und mit gehackter Petersilie überstreuen.

Walnüsse

Frische Walnüsse müssen sehr sorgfältig getrocknet werden, damit sie nicht schimmeln. Wenn man einen Walnussbaum im Garten hat, lässt man die Nüsse reifen, bis sie von selbst aus den grünen Schalen fallen und breitet sie an einem luftigen Ort zum Trocknen aus.

Hervorragend schmecken Nüsse in Kombination mit anderen Früchten, sei es gemahlen oder auch in Stückchen. Wer einmal Dörrzwetschen gespickt mit Walnusskernen versucht hat, weiß diese Verbindung zwischen Früchten und Nüssen zu schätzen.

Nussquark

125 g Magerquark
60 g Walnüsse, gemahlen
1 EL Joghurt
½ TL Zimt

Den Quark mit den Nüssen gut vermischen, Joghurt und Zimt darunterrühren, sodass die Masse locker und streichfähig wird.

Nussgebäck mit Haferflocken

3 EL Mehl
1 TL Backpulver
100 g Zucker
1 Päckchen Vanillezucker
100 g geriebene Nusskerne (Walnuss oder Erdnuss)
150 g Vollkornhaferflocken (wir benutzen dafür die praktische Flockenquetsche)
125 g Butter
1 Ei

Aus allen Zutaten einen ziemlich festen Rührteig zubereiten, dann kleine Kugeln formen und auf ein mit Backpapier ausgelegtes Backblech legen. Mit einer Gabel etwas flach drücken und in den vorgeheizten Ofen setzen. Bei etwa 200 °C ungefähr 10–15 Minuten hell backen. Auskühlen lassen und servieren.

Haselnüsse

Haselsträucher findet man oft an Wald- und Wiesenrändern. Man kann die Nüsse bereits grün pflücken, sie sind dann allerdings nicht haltbar. Besser ist es – wie bei anderen Nüssen auch – auf die Vollreife zu warten und die Haselnüsse ohne Schale zu trocknen. Im Fett-, Kohlenhydrat- und Eiweißgehalt sind sie den Walnüssen sehr ähnlich und können daher diese auch in Rezepten leicht ersetzen.

Haselnusskasserole

1 Tasse Vollwertweizen, gekocht
1 Tasse grob gehackte Haselnüsse
3 Eier
1 Tasse Hüttenkäse
1 Tasse Milch
je 1 Prise Salz, Zimt, Cayennepfeffer
etwas angedünstete Weizenkeime

Die Eier schlagen und Käse und Milch dazugeben und würzen. Eine passende Auflaufform gut einfetten und eine Schicht gekochten Weizen auflegen. Mit ein wenig Ei-Milchmischung übergießen und Haselnüsse darüberstreuen. Die Folge mehrfach wiederholen. Zuletzt streut man obenauf Weizenkeime.

Bei 250 °C 45 Minuten backen lassen und das Gericht beispielsweise mit Zuckererbsen oder grünem Salat servieren.

Unsere selbst gedörrten Haselnüsse sind so, wie sie gewachsen sind: ohne Paraffinöl und Zusatzstoffe.

Gebrannte Haselnüsse

200 g Haselnüsse
200 g Zucker
2 TL Zimt
1 Päckchen Vanillezucker

Die Nüsse im vorgeheizten Ofen auf einem Backblech anrösten, aber nicht bräunen. In einer Pfanne Zucker unter Umrühren honigbraun schmelzen, Vanillezucker, Zimt und Nüsse darangeben und umrühren, sodass sie eine Karamellhaut erhalten. Etwas Wasser dazugeben und den Zucker nochmals dick kochen, dann die Haselnüsse herausnehmen und ausgebreitet trocknen. Das Rezept eignet sich auch für andere Nüsse.

Müsli Surprise

200 g Haferflocken
50 g Sultaninen
50 g Rosinen
50 g Datteln, entsteint
70 g getrocknete Aprikosen
70 g getrocknete Äpfel
100 g Haselnüsse
½ TL Zimt
1 Prise Muskatnuss

Die Haferflocken in eine Schüssel geben und mit Sultaninen und Rosinen mischen. Datteln, Aprikosen, Äpfel und Haselnüsse klein hacken und darangeben. Zimt und Muskatnuss unter die fertige Müslimasse heben. Mit fettarmer Milch, Joghurt oder Molke aufgießen und servieren. Dazu schmecken frische Früchte als Beigabe hervorragend.

Nussbutter

Aus Haselnüssen oder Walnüssen kann man einen vorzüglichen Brotaufstrich herstellen, indem man die Nüsse bei ca. 150 °C unter häufigem Umrühren und Wenden eine Viertelstunde röstet. Dann dreht man sie durch den Fleischwolf, oder zerkleinert sie im Mixer zu Mus. Mit Honig und wenig Salz würzen und etwas Olivenöl dazugeben, bis die Creme geschmeidig und streichfähig ist. Besonders gut schmeckt die Nusscreme, wenn sie aus Erdnüssen gemacht wird. Als Erdnussbutter ist sie auch im Handel erhältlich.

Nussmus

50 g Haselnüsse
50 g Erdnüsse
50 g Cashewkerne
50 g Rosinen
30 g Sesamsamen

Die Nüsse nacheinander im Mixer fein zerkleinern, bis eine Paste entsteht. Dann die grob pürierten Rosinen und Sesamsamen hineinrühren.

Cashew-, Para- und Erdnüsse

Die köstlich knackigen Cashewkerne aus Brasilien sind als Knabbernüsse bekannt und beliebt, sie stammen vom Kaschubaum, der eine Höhe von gut zehn Metern erreichen kann. Die leckeren Cashewnüsse sind reich an ungesättigten Fettsäuren und enthalten auch Tryptophan, das unser Körper in Glückshormone (Serotonin) umwandeln kann. Wir kaufen sie zur Weiterverwendung schon getrocknet.

Paranüsse sind für Allergiker von allen Kernen am besten verträglich und haben einen hohen Selenanteil. Das Spurenelement Selen bindet Schwermetalle und entgiftet damit den Körper effektiv. Paranüsse kann man als Kerne oder noch in der Schale im Handel kaufen. Da man aber ziemlich viel Kraft braucht, um an ihren weißen, von einer bräunlichen Haut umhüllten Kern zu kommen, kaufen wir gleich die getrockneten Kerne zur Weiterverarbeitung. Aber auch für die Paranüsse gilt: Nicht zu lange lagern wegen der Schimmelpilzgefahr.

Dr. John Kellog war's, der weltberühmte Cornflakes Papst, der die Erdnussbutter ursprünglich als Mahlzeit für seine zahnlosen Patienten erfunden hat. In den Regalen unserer Supermärkte heißt sie allerdings Erdnussmus oder auch Erdnusscreme, weil die Masse mit Butter nichts zu tun hat. Die Erdnüsse aus dem Handel, die wir hier verwenden wollen, sind in der Regel wegen der Gefahr einer Schimmelpilzvergiftung ebenfalls geröstet.

Kapuzinerbrot

100 g Cashewkerne
10 g Zimt
100 g Weizenmehl
100 g brauner Zucker
4 Eier

Die Cashewkerne werden grob gehackt, dann rührt man sie mit den restlichen Zutaten und 4 Eigelb zu einem Teig zusammen. Nun hebt man den festen Schnee der Eier darunter und sticht kleine Kücherl aus, die man bei mäßiger Hitze auf einem gefetteten Blech ausbäckt.

Paranusskuchen

250 g Paranüsse
250 g entsteinte Datteln
250 g getrocknete Aprikosen
100 g getrocknete oder kandierte Kirschen
1 Beutel Vanillezucker
200 g Zucker
250 g Mehl
3 Eier
1 Glas Rum
1 TL Backpulver

Datteln und Aprikosen in Streifen schneiden, mit den Kirschen in eine Schüssel geben, mit dem Rum übergießen und 1 Stunde ziehen lassen. Die Nüsse längs halbieren. Eier mit Zucker und Vanillezucker schaumig rühren, Mehl und Backpulver darübersieben und verrühren.

Nüsse und Früchte unterheben und in einer mit Backpapier ausgelegten Kastenform etwa 1 Stunde bei Mittelhitze backen.

Erdnussfrühstück

50 g getrocknete Äpfel
40 g Weizenschrot
30 g Erdnüsse
20 g Sojamehl
Orangensaft, frisch gepresst

Die Apfelschnitze lässt man etwa 10 Minuten in köchelndem Wasser quellen. Nach dem Auskühlen und Abtropfen die restlichen Zutaten hinzufügen, gut durchrühren und über Nacht stehen lassen.

Herbe Nuss-Fruchtmischung

80 g geröstete Mandeln
80 g Cashewkerne
40 g Pinienkerne
60 g Rosinen
5 EL Kokosraspeln
3 EL Sonnenblumenkerne
8 EL süßen Vermouth oder Fruchtsaft
60 g getrockenete Früchte (Aprikosen, Äpfel, Birnen etc.)
Salz und Worcestersauce zum Abschmecken

Kerne und Nüsse grob gehackt mischen und beiseite stellen. Die getrockneten Früchte inzwischen in Wasser weichen lassen.

In einer Pfanne Rosinen und Vermouth (oder Fruchtsaft) verrühren und kurz aufkochen. Die Hitze dann sofort wegnehmen und köcheln lassen, bis die Flüssigkeit verschwunden ist. Der Saft zieht in die Rosinen ein. Vom Herd nehmen, abkühlen und nun die restlichen Zutaten und die eingeweichten Trockenfrüchte einrühren. Falls gewünscht, mit Salz und Worcestersauce abschmecken.

Unsere bunte Knabbermischung vereint auf ideale Weise die nussigen Aromen der Nüsse und Kerne mit dem fruchtig-süßen Geschmack der Trockenfrüchte.

Service

Zum Weiterlesen

Binder, E.: Räuchern. Fleisch, Wurst, Fisch. Verlag Eugen Ulmer, 2016.

Fischer, M. (Hrsg.): Farbatlas Obstsorten. Verlag Eugen Ulmer, Stuttgart 2010.

Hagmann, K.: Blitz-Liköre. Morgens zubereiten, abends genießen. Verlag Eugen Ulmer, 2013.

Lehari, G.: Exotische Früchte. Verlag Eugen Ulmer, Stuttgart 2009.

Lehari, G.: Vorratshaltung. Verlag Eugen Ulmer, 2015.

Merzenich, M. und Thier, E.: Brot backen im Holzbackofen. Tradition, Anleitungen und Rezepte. Verlag Eugen Ulmer, Stuttgart 2017.

Recht, Ch.: Ernte am Wegrand. 6. Auflage. Verlag Eugen Ulmer, Stuttgart 2017.

Samwald, A.: Wir bauen ein Hochbeet - Einfach und effektiv. Ebook, Carussell Com, 2013.

Schneider, Ch., Gliem, M.: Pilze finden! Verlag Eugen Ulmer, 2015.

Vassallo, J. und Rooney, D.: Sprossen, Körner und Bohnen. AT-Verlag, Aarau 2007.

Volk, R. und F.: Pilz in Sicht ... und dann im Topf. Sicher bestimmen, delikat zubereiten. Verlag Eugen Ulmer, 2011.

Volk, R. und F.: Kochen mit Kräutern. Verlag Eugen Ulmer, 2015.

Zemanek, W.: Trocknen & Dörren: Obst, Kräuter, Gemüse und Pilze, Stocker Verlag, Graz 2010.

Wo gibt's was?

Der Autor im Internet und Fertigteilbausatz Dörrschrank aus Holz:
www.doerren.com

Arizona Dörrautomaten:
vitality4life
PE1 5XG Peterborough, England
www.vitality4life.de

Biosec Dörrgerät:
Tauro Essiccatori
I-36043 Camisano
www.tauroessiccatori.com

Dörrex, Stöckli Dörrgerät:
A. & J. Stöckli AG
CH–8754 Netstal
www.stockliproducts.com

Dörrgeräte und mehr:
Keller GmbH & Co. KG
79100 Freiburg
www.biokeller.de

Dörrschränke und mehr:
Kiefer Obstwelt GmbH
77799 Ortenberg
www.kiefer-obstwelt.de

Keimgeräte und mehr:
Bioforce AG
CH-9325 Roggwil
www.avogel.com

Rommelsbacher Dörrautomat:
Rommelbacher ElekroHausgeräte GmbH
91550 Dinkelsbühl
www.rommelsbacher.de

Severin Obst-Dörrautomat:
Severin Elektrogeräte GmbH
59846 Sundern
www.severin.de

Heizlüfter EWT:
Glen Dimplex Deutschland GmbH
90411 Nürnberg
www.ewt-glendimplex.de

Bildquellen

Alle Fotos und das Titelfoto stammen von Heike Schmidt-Röger mit Ausnahme der Folgenden:
Africa Studio/Shutterstock.com: S. 92; Alexandra Lande/Shutterstock.com: S. 27; amberto4ka/Shutterstock.com: S. 66; Andreja Donko/Shutterstock.com: S. 91; Andrelix/Shutterstock.com: S. 75 o.; arfo/Shutterstock.com: S. 103; dasytnik/Shutterstock.com: S. 79; Elena M. Tarasova/Shutterstock.com: S. 34; grafvision/Shutterstock.com: S. 110; Julie208/Shutterstock.com: S. 6; Liliya Kandrashevich/Shutterstock.com: 118; Lukas Gojda/Shutterstock.com: S. 88; MAHATHIR MOHD YASIN/Shutterstock.com: S. 59; marco mayer/Shutterstock.com: S. 85; mauritius images: S. 52; Olyina/Shutterstock.com: 116; Rommelsbacher ElektroHausgeräte GmbH: S. 8; Samwald, Achim: S. 16, 18, 61; sarsmis/Shutterstock.com: S. 72; Soyka/Shutterstock.com: S. 64; spalato/Shutterstock.com: S. 75 u.; Stolyevych Yuliya/Shutterstock.com: S. 98.

Die Zeichnungen fertigte Helmuth Flubacher, Waiblingen, nach Vorlagen des Autors, der vorangegangenen Auflagen und aus der Literatur.

Rezepte schnell gefunden

Nachgeschlagen

Die in diesem Buch enthaltenen Empfehlungen und Angaben sind vom Autor mit größter Sorgfalt zusammengestellt und geprüft worden. Eine Garantie für die Richtigkeit der Angaben kann aber nicht gegeben werden. Autor und Verlag übernehmen keine Haftung für Schäden und Unfälle. Bitte setzen Sie bei der Anwendung der in diesem Buch enthaltenen Empfehlungen Ihr persönliches Urteilsvermögen ein. Der Verlag Eugen Ulmer ist nicht verantwortlich für die Inhalte der im Buch genannten Websites.

Bibliografische Information der Deutschen Nationalbibliothek
Die Deutsche Nationalbibliothek verzeichnet diese Publikation in der Deutschen Nationalbibliografie; detaillierte bibliografische Daten sind im Internet über http://dnb.d-nb.de abrufbar.

Wollgrasweg 41, 70599 Stuttgart (Hohenheim)
E-Mail: info@ulmer.de
Internet: www.ulmer.de
Lektorat: Kerstin Hug, Antje Munk, Lisa Seibel
Herstellung: Silke Reuter
Satz: pagina GmbH, Tübingen
Druck und Bindung: Firmengruppe APPL, aprinta Druck, Wemding
Printed in Germany

ISBN 978-3-8186-0097-6